Mario Mantese

Licht einer Grossen Seele

Licht einer grossen Seele

Begegnungen mit
Mario Mantese,
einem Meister
aus dem »Land der Stille«

Drei Eichen Verlag

Für das Lektorat möchte ich
Urte Knefeli-Zemp herzlich danken!

Überarbeitete Neu-Ausgabe (2009)

ISBN 978-3-7699-0614-1
Verlagsnummer: 10614

3. Auflage 2009 – 8.-11. Tsd.
Lektorat: Urte Knefeli-Zemp, Beatenberg
Satz: EXCALIBUR Edition, D-97762 Hammelburg
Gesetzt aus der RotisSerif (11 pt.)
Umschlaggestaltung: Thor Digital Arts, Hammelburg, unter Verwendung eines Bildes von M. Neuser, 2005-Werbung, München

Weitere Informationen über den Verlag finden Sie unter:
www.drei-eichen.de

Printed and bound in India by Replika Press Pvt. Ltd.

INHALT

Foto: Herbert Werner

1. Der Ruf aus dem Land der Stille

Mario Mantese war ein sehr erfolgreicher Musiker, als er 1978 nach dem Verlassen eines Galaabends in London niedergestochen wurde. Ein Messer traf ihn mitten ins Herz. Mehrere Minuten war er klinisch tot und als er nach fünf Wochen aus dem Koma erwachte, war er blind, stumm und am ganzen Körper gelähmt. Während seines intensiven Todeserlebnisses erkannte er, dass er ohne seinen physischen Körper in einer anderen Welt weiterlebte. Durch diese einschneidende Erfahrung realisierte er, dass sein Leben nie ein an einen Körper gebundenes Geschehen gewesen war. Er erkannte, dass er in Wirklichkeit ewig frei von Konzepten und Vorstellungen existiert: zeitlos, todlos und grenzenlos.

Diese Realisation bewirkte eine sonnenhafte Auferstehung. Er war eingetaucht in das, was jenseits von Leben und Tod existiert, jenseits des Jenseits und jenseits von Raum und Zeit. Er war als Persönlichkeit ins Unendliche eingetaucht und nichts mehr von ihm tauchte jemals wieder auf. Das All hat ihn verschluckt und er ist zu dem geworden, was ihn verschluckt hat. Menschen, die ihn seit vielen Jahren kennen, berichten von wundersamen, erschütternden und erstaunlichen Ereignissen, die sie in seiner strahlenden Gegenwart erlebt und durchlebt haben. Sie wurden tief von der universellen Gnade berührt und entdeckten dadurch ungeahnte Tiefen in ihrem Leben. Ihre Texte reihen sich einer leuchtenden Perlenkette gleich aneinander und zeugen von einem Glanz, der nicht von dieser Welt ist. Sie erzählen über ihr Zusammensein mit Mario Mantese und über dessen universelles Wirken. Er selbst sagt von sich: »Ich bin nichts und niemand!«

Eine Journalistin, die ihn interviewte, beschreibt in ihrem Zeitungsartikel die ersten Momente ihrer Begegnung so: »Der Raum scheint sich zu erhellen. Die Quelle des Lichts ist der Mann gegenüber. Seine Augen strahlen. Die Ruhe und Zufriedenheit, die von ihm ausgehen, machen ihn zur Insel inmitten der Hektik unserer Zeit. Mario Mantese gibt einem das Gefühl, sich bedenkenlos ins Gespräch fallen lassen zu können. Sein offener Blick versenkt sich geradewegs in die Augen seines Gegenübers, ohne jedoch aufdringlich zu wirken. Er scheint durch Kleider, durch Hautschichten und Gewebe in die verborgensten Winkel des Menschen einzudringen. Er ist ein außergewöhnlich Gewöhnlicher.«

Dieses Buch zeigt eindrücklich, wie das göttliche Universum diesen Menschen bewegt und wie seine Worte Totales ausdrücken und bewirken. Durch ihn wird klar, dass Worte Geist sind. Sie sind das Leben und sie bringen das zur Erfüllung, wofür sie ausgesandt worden sind. Eine Welt voller Wunder und Schönheit entschleiert sich dem Leser und öffnet ihm einen Blick in den grenzenlos leuchtenden Weltengrund. Man erfährt, wie in seiner Klarheit und Ruhe Unmögliches möglich wird, und liest von Begebenheiten, die unglaublich scheinen und doch so geschehen sind.

Die Erlebnisse, die hier erzählt werden, nehmen den Leser mit auf eine Reise ins unendliche göttliche Universum. Seine letzten Bücher *»Im Land der Stille«, »Im Herzen der Welt«* und *»Das, was du wirklich bist«* wird man mit Sicherheit mit neuen Augen sehen und deren Inhalt wie auch Mario Mantese neu ent-decken!

2. Gewidmet dem Sämann des Lichts

Hannes Schmidtner – Deutschland

Du, der geschlachtet wurde wie ein Lamm, geopfert für die Speise des ewigen Lebens, geläutert, zermalmt wie Getreide durch Stein, erwachst mit Reinheit und Erkenntnis, erfüllt mit Güte und Weisheit.

Du, der sieht, ohne die Augen zu öffnen, der fühlt, ohne zu tasten, welch wunderbare Verwandlung wurde Dir zuteil.

Du, der hört Klänge aus tiefsten Sphären, der riecht Düfte der Unendlichkeit und schmeckt die Süße der lieblichen Blüte der Liebe. Welche Gnade vollzog dieses Wunder?

Oh, Du Instrument der Offenbarung, wie könnte ich Dir einen Namen geben, der Du namenlos bist? Wie könnte ich Dich in einem Körper sehen, Dich, der Du körperlos bist? Wie könnte ich sagen, Du wohnst dort, wenn Du doch grenzenlos bist?

Ich grüße Dich, Offenbarungsinstrument, Sämann, dessen Ernte groß sein wird. In voller Blüte wurdest Du verwandelt und wurdest zur Frucht. Der Same dieser Frucht ist kostbar und reichlich, er durchdringt die Welten mit seiner Kraft.

Sämann des Lichts, ehrfürchtig ist mein Dank und grenzenlos mein Erstaunen vor Deiner Arbeit. Du pflügst die Felder der Seelen, die hart geworden sind vor Eigensucht und Falschheit. Du bereitest den Boden mit Beständigkeit und mit unerschöpflicher Ausdauer und Geduld, Du öffnest wieder und wieder die Herzen. Du legst den Samen mit Zärtlichkeit, gießt ihn mit

Wasser des Lebens und spendest Helligkeit dem Licht aller Lichter.

Sämann der Ewigkeit, groß ist meine Bewunderung und tiefer Dank strömt aus meinem Herzen für Deine unermüdliche Mühe. Aus dem Samen Deiner Frucht werden Pflanzen voller Herrlichkeit, die Pflanzen voller Herrlichkeit sind die Blumen Deiner Liebe, die Blume der Liebe bist Du.

Blume der Liebe, erwecke mich mit Deinem Glanz, verwandle mich mit Deinem Duft und lass mich das sehen, was ich immer war und immer sein werde.

3. Geboren aus der Essenz

Shodo Harada Roshi – Zen-Meister des Klosters Sogenji, Japan

In der religiösen Erfahrung des Zen gilt die Erfahrung des Todes als absolut und endgültig. In den alten Zeiten und dies gilt bis zum heutigen Tag, hat nie jemand den Weg des Zen ohne die Erfahrung des Todes wirklich realisiert. Alle, die ihr Leben auf den Weg des Zen eingespurt haben, gehen unweigerlich der Erfahrung des Todes entgegen.

Im Zen-Buddhismus wird diese Verwirklichung Satori genannt, doch dies ist nicht eine spezielle Welt, sondern die Erfahrung des inneren Sterbens. Der wahre, reine Seinszustand des Menschen entsteht durch dieses innere Sterben. Die Essenz dieses Seinszustandes heißt Satori; in anderen Worten, sich an absolut nichts halten, alles loslassen, das ist Satori.

Meister Mario erlebte durch unglückliche Umstände den physischen Tod, und durch diese schwierige Erfahrung hatte er das Glück, ein völlig neues Leben zu erhalten. Durch seine ungewöhnliche Erfahrung realisierte er den Zustand des reinen Bewusstseins: Satori! Das, was von ihm ausstrahlt, die Worte, die er spricht, und seine Art des Sehens sind wahrhaftig von einem, der den Zen-Tod gestorben ist in seiner ganzen Essenz.

Für so viele Menschen, die verwirrt und in Missverständnissen gefangen sind, ist er ein großer Lehrer und Begleiter. Seine Worte sind rund und klar, geboren aus der Essenz und gefüllt von Essenz. Ich bin glücklich, einen solchen wunderbaren Freund zu haben, und ich fühle, dass ich einen wahren Freund auf dem Weg gefunden habe. Wann immer wir zusammen sind, spüre ich es in meinem ganzen Körper.

Meister Mario ist ein ungewöhnlicher Lehrer. Mit reinem Herzen und der großen Kraft, die von ihm ausgeht, zeigt und verkörpert er den Weg der Wahrheit, er erlöst ununterbrochen, pausenlos!

4. Nicht von dieser Welt

Herbert Werner – Deutschland

Ich durchschritt die Tür eines Nebenzimmers und lief genau in den sich gerade erhebenden Blick von Mario Mantese. Innerlich blieb ich erschrocken stehen, während sich mein Körper weiter durch den Raum bewegte. Sofort war mir klar, dass ich soeben eine andere Dimension betreten hatte. Sein starker, alles durchdringender Blick ließ für einen Moment die Zeit stillstehen. Heute denke ich manchmal, dass genau in diesem Augenblick mein ganzes Leben von einer höheren Kraft reorganisiert und in völlig neue Bahnen gelenkt wurde.

Kurz danach begann die Zusammenkunft. Zuerst fiel mir sein gesundheitlich angeschlagener Körper auf. Sein Gang war wackelig und manche Bewegungen erforderten große Konzentration. Ich war erstaunt, wie ruhig und behutsam er seinen noch leicht behinderten Körper bewegte. Die Sprache war zum Teil undeutlich, seine Zunge zeigte noch Lähmungserscheinungen, die von seinem schweren Unfall herstammten. Doch hinter all diesen Äußerlichkeiten entdeckte ich einen sehr wachen, hellen und äußerst dynamischen Geist, der mit seiner immensen Lichtausstrahlung den ganzen Raum überflutete.

»Heute verlassen wir gemeinsam Zeit und Raum und gehen in die allumfassende Stille«, sagte er gleich zu Beginn, und nachdem wir uns alle gerade und ruhig hingesetzt hatten, steigerte sich die Vibration im Raum enorm. Sie durchstrahlte uns und erhob uns in einen hellen, zeitlosen Zustand. Diese starke Energie war die

Basis für seine feuergeladenen, alles durchdringenden Worte, und nachdem er eindrücklich zu uns gesprochen hatte, lud er uns ein, jetzt unsere Fragen zu stellen.

Eine ältere Person meldete sich.

F.: Kannst du mir einen Rat geben, wie ich meine große Angst vor dem Tod überwinden kann?

MM: Können deine Augen sich selbst sehen?

F: Nein, aber was hat dies mit meinem Tod zu tun?

MM: Hast du deinen eigenen Tod gesehen, dass du so viel Angst vor ihm hast?

F: Meinen eigenen Tod habe ich so konkret nicht gesehen, aber ich habe jemanden, der mir sehr nahe war, verloren, diese Person ist gestorben. Das abrupte Ende, das so unerwartet auf uns zukommt und alles auslöscht, macht mir große Angst. Ich weiß nicht, wie ich damit umgehen soll?

MM: Den Vorgang, den du Tod nennst, hast du außerhalb von dir gesehen, du hast jemanden verloren. Die Eindrücke, die Bilder und Informationen von diesem Geschehen sind in deinem Gehirn gespeichert. Wenn du jetzt genau hinsiehst, dann erkennst du, dass es diese Bilder und Eindrücke sind, die in dir solche Ängste und Emotionen auslösen.

Du hast angenommen, dass du, das Subjekt, einen anderen Menschen als ein Objekt haben und besitzen kannst, und nun hast du ihn verloren und bist traurig. Doch hat dieser Mensch wirklich dir gehört, dass du jetzt glaubst, ihn verloren zu haben? Wie kann man einen Menschen verlieren?

Sieh es klar, hier geht es nicht um den Tod an sich, sondern um deine Vorstellungen vom Tod, um deine Meinungen und Wahrnehmungen, um Haben und Verlieren, um diese Abläufe in deinem Gehirn. So gesehen, findet der Tod nur in deinem Gehirn statt.

Du kannst dich selbst nicht einschlafen oder sterben sehen, da dein Körper mit diesen inneren Vorgängen absolut nichts zu tun hat. Und doch bist du fest davon überzeugt, dass du der Körper und die wahrnehmenden Sinne bist. Doch du, dieses Ich, das glaubt, *ich* schlafe ein, *ich* erwache, *ich* lebe, *ich* sterbe, dieses Ich ist nicht dein Körper, denn dein Körper kann weder denken noch sprechen. Dein Körper ist lediglich das Instrument, das es dir ermöglicht, Gedanken und Gefühle in Worten und Handlungen auszudrücken!

Dieses Ich ist nur eine Vorstellung, nichts Reales oder Beständiges. Es baut sich einzig aus subjektiven Eindrücken, Bildern und Informationen auf, doch diese sind nichts als Erscheinungen im Bewusstsein.

Erinnerungen sind bloß schattenhafte Zustände, die sich unmittelbar in nichts auflösen, sobald sie als das, was sie sind, durchschaut werden.

Wenn du das klar erkennst, dann ist der Tod gestorben und mit ihm der Wahrnehmer, der Erzeuger dieser Täuschungen. Nie ist jemand gestorben, weil es diesen Jemand in Wirklichkeit nie gegeben hat.

Du bist nicht das, was du denkst oder glaubst zu sein, denn das, was du wirklich bist, lässt sich nicht denken oder in Worte fassen.

Leben und Tod sind dir nicht feindlich gesinnt. Wie könnten sie es auch? – Sie sind lediglich Spiegelungen im Bewusstsein.

Ein Mensch, den du sehr liebtest, hat diese Welt verlassen und nun bist du traurig. Ja, es ist eine traurige und schmerzhafte Erfahrung für die Zurückgebliebenen.

Doch schau jetzt tief in dich hinein und erkenne: Dieser Mensch war nie wirklich dieser Körper, den du wahrnahmst, er existierte lediglich als eine sinnlich wahrgenommene Spiegelung in deinem Bewusstsein, als eine subjektive Vorstellung.

Du nimmst die Objekte außerhalb deiner selbst wahr, weil du dich mit dem Körper identifizierst. Aber du bist kein Körper. Körper existieren lediglich als Überlagerungen, innerhalb der sinnlichen Vorstellung.

In der Totalität sind alle Objekte und das ganze Universum enthalten, deswegen ist es unmöglich, dass es so etwas wie ein Ich, ein Du und andere geben kann! Fürchte dich nicht vor etwas, das es in Wirklichkeit nicht gibt. Du bist todlos! Verwechsele das subjektiv Wahrgenommene nicht mit dem, was du wirklich bist.

Sichtlich berührt bedankte sich die Person, etwas Grundlegendes hatte sich in ihr geklärt.

Die vielen tief greifenden Einsichten dieses Tages drangen in mich ein und viele seiner komplexen Aussagen tauchten später, Wochen nach dem Seminar, in meiner Erinnerung wieder auf. In der Zwischenzeit hatten sie tief in meinem Innern gewirkt, hatten vieles geklärt und gelöst – erstaunlicherweise, ohne dass ich mir dessen voll bewusst gewesen wäre. Ein gewaltiges Licht war in mich eingedrungen und hatte die tiefsten Schichten meines Wesens berührt. Es war, als ob kristallklares Wasser Schmutziges weggeschwemmt und aufgelöst hätte.

Mein damaliges Leben war einige Monate zuvor entscheidend verändert worden. Schwierigkeiten und Konflikte verdichteten sich derart, dass ich nicht mehr in der Lage war, sie zu lösen. Nach einem letzten gescheiterten

Versuch, im Äußeren Ordnung zu schaffen, wendete sich der gesamte Konflikt nach innen und fuhr mir in einem einzigen Moment deutlich spürbar in den Körper. Von einem Tag zum anderen fiel ich in eine Glut aus körperlichem Schmerz und Fieber. Wochenlang blieb ich in diesem Zustand liegen. Zurückgezogen in mich selbst ließ ich diesen Höllenbrand geschehen, ich konnte nicht anders. Am Ende war ich stark abgemagert und jede Bewegung schmerzte. Nun saß ich ihm gegenüber, ihm, dem es physisch gesehen viel, viel schlimmer ergangen war als mir, und er saß ruhig da und strahlte wie eine Sonne. Seine körperlichen Einschränkungen schienen fast irreal, denn mit Sicherheit war er der gesündeste und kraftvollste Mensch im Raum. All dies zu hören und zu sehen war für mich sehr heilsam und ermutigend.

Der Stern des Sinai

Nach einigen Zusammenkünften hatte ich das starke Bedürfnis, einmal privat mit ihm zu sprechen, da sich mein Gesundheitszustand nicht verbessert hatte und ich zunehmend schwächer wurde. Damals war es noch möglich, ihn in der Schweiz zu besuchen. Mittlerweile hat er sich von der persönlichen Ebene ganz zurückgezogen. Er sagt, wer ihn sehen und sprechen will, könne dies während seiner Seminare und Darshans tun.

Wir wurden damals sehr herzlich empfangen und nach kurzer Zeit waren wir schon tief in mein Thema eingedrungen. Ich sagte ihm, dass ich sehr krank sei, worauf er antwortete: »Das Ich ist immer krank, eigentlich ist es die einzige Krankheit.« Er schloss seine Augen und saß eine Weile still da. Dann sagte er spontan: »In sieben Wochen wird etwas Neues in dein Leben kommen, zögere nicht, es anzunehmen, doch es ist anders, als du jetzt denkst.«

Ich war gespannt, denn inzwischen wusste ich, dass seine Worte Taten sind, und was er sagt, muss und wird geschehen.

Sieben Wochen später waren meine Frau und ich in Israel, im Sinai. Wir wohnten in einer Herberge, die an eine alte Karawanserei erinnerte. Das Zimmer war sehr klein und auf dem Betonboden lagen Schilfmatten, sie dienten als Betten. Die Herberge trug den Namen »Star of Sinai«. Am Abend, kurz vor dem Einschlafen, offenbarte sich plötzlich und völlig unerwartet ein strahlendes Licht in meinem Herzen. Aus einem unbeschreiblich kleinen, unsichtbaren Kern in meinem Innern leuchtete ein Licht wie eine strahlende Sonne. Dieses Licht durchströmte meinen ganzen Körper und hüllte mich in ein wohliges, warmes Gefühl ein. Voller Dankbarkeit nahm ich es an. In dem Moment wusste ich mit absoluter Sicherheit, ich war gerettet. Ich spürte Marios allgegenwärtige Präsenz – seine Worte hatten sich erfüllt.

Ein Leben lang hatte ich darauf gewartet, dass dieses wunderbare Licht in mir erscheinen möge, nun war es tatsächlich geschehen, und es ist seit diesem Tag nie mehr aus mir gewichen. Von diesem Tag an hatte ich das brennende Bedürfnis, mich ganz diesem erlösenden Licht zuzuwenden. Mit seinem Erscheinen fand alles allmählich seine Ordnung wieder. Es war die Basis, aus der heraus ich wieder völlig gesund wurde, innerlich wie auch äußerlich. Wer und was Mario Mantese wirklich ist, konnte ich damals nur erahnen, und obwohl ich ihn jetzt schon viele Jahre kenne, ist und bleibt er unfassbar. Seine Liebe und Güte widerspiegeln etwas, das nicht von dieser Welt ist.

Schritt für Schritt ins Licht

Jahre später, als Mario Mantese die Inneren Kreise in seiner Arbeit gegründet hatte, vertiefte sich die Arbeit mit ihm und sie eröffnete mir eine völlig neue Dimension. Erstmals fühlte ich mich richtig aufgehoben und gut versorgt. Doch dann offenbarte er durch seinen universellen Lichtkörper eine zunehmend starke ichzerbrechende Lichtstrahlung, deren Auswirkung uns alle überraschte. Ich spürte die Freiheit, mein bekanntes Leben zu verlassen und die mir gewohnten Verhaltensweisen zu überschreiten. Mit dieser neuen Freiheit kamen aber auch dunkle Schatten aus der Tiefe meines Wesens an die Oberfläche, und diese wirkten sich unmittelbar in meinem täglichen Leben aus – oft mit sehr hoher Intensität. All dies zu verkraften brauchte viel Mut und Vertrauen, denn vielmals waren es genau diese dunklen Bereiche, die ich ein Leben lang gemieden und umgangen hatte. In dieser dramatischen und schwierigen Phase meines Lebens blieb mir aber stets der Ursprung und die Notwendigkeit dieses Auflösungsprozesses bewusst und ich wusste, dass das befreiende Licht, das von Mario ausstrahlt, jeden Moment bei mir war und mich mit unermesslicher Liebe sachte aus der inneren Dunkelheit ins ewige Licht führte.

In dieser gewaltigen Lichtkraft hatte alles Begrenzte und Niedere keinen Bestand mehr. Mein Körper veränderte sich allmählich, jede Zelle meines Leibes passte sich immer mehr der hohen Vibration dieses universellen Lichtfeldes an, bis mir eines Tages bewusst wurde, dass ich von meiner schlimmen Krankheit vollkommen genesen war und nie mehr dorthin zurückfallen konnte. Dieses neue Licht war fortan der bestimmende Grundton meines Lebens. Auf dieser ruhigen und geklärten Basis ist eine feine intuitive Wahrnehmung, eine reine Empfindungsfähigkeit entstanden. Manchmal, wenn Achtsamkeit zur Hingabe wird, erscheint in diesem milden Licht der physische Körper und die erscheinende Welt als peripher. Abläufe vollziehen sich an der Oberfläche des Daseins und ziehen wie Wolken vorbei, die Dinge dieser vergänglichen Welt verlieren ihre Kraft und Bedeutung und werden zu sekundären Erscheinungen. Mild durchdringt diese heilige Kraft den Körper und erfüllt ihn mit Vitalität und Wohlbefinden. Das Persönliche ergibt sich dieser Gnade und erkennt sich selbst als gleich im Ursprung mit allen Dingen und verzichtet auf seine Besonderheit, es löst sich auf. Es gibt nichts mehr zu erreichen, das Ende der Anstrengungen und Bemühungen ist da!

Das andere Gesicht des kosmischen Meisters

Einige Jahre später trafen wir ihn noch einmal in der Schweiz. Wir waren vor dem Bahnhof in der Stadt, in der er damals wohnte, verabredet. Mein Blick suchte die gegenüberliegende Straßenseite nach ihm ab und dabei bemerkte ich, dass es mir nicht möglich war, mir ein Bild von seinem Gesicht zu machen. Als er dann etwas später auf uns zukam, erschien er so vertraut wie immer.

Es war ein warmer Sommertag und wir entschieden uns zu einem Spaziergang am Seeufer, außerhalb der

Stadt. Dies war eine gute Gelegenheit, ihm ein paar Fragen zu stellen, aber es fielen mir absolut keine ein, so ging ich still neben ihm her. In seiner Gegenwart wird das Gehirn still, der Gedankenstrom kommt zur Ruhe. Während des Spaziergangs spürte ich seine Anwesenheit als energetische Wirkung, sehr durchdringend, erhebend und immens stark. So schritten wir zu fünft schweigend am Seeufer entlang.

Wir waren schon eine Weile unterwegs, da blieb er plötzlich stehen. Wir blickten über den See zu den nahen Bergen und sahen, wie von Westen her schwere dunkle Regenwolken den Himmel überzogen. Starke Windböen fegten bereits über das Land, sie waren die Vorboten eines nahenden Gewitters. Nach meiner Einschätzung hätten wir es vielleicht noch zum Dorf zurück geschafft, bevor es zu regnen begann, doch nur, falls wir sogleich kehrtgemacht und uns beeilt hätten. Mario Mantese schien von diesem Unwetter, das rasch auf uns zukam, nicht beeindruckt, er meinte, wir sollten unseren Weg fortsetzen. Der Himmel über uns war inzwischen pechschwarz und hatte etwas Bedrohliches. Die Böen wurden immer stärker, sie wirbelten Blätter vom Boden auf und das Holz der Bäume ächzte unter der Kraft, die sie hin und her schaukelte. Dann fielen die ersten Regentropfen, groß und schwer. Weit und breit war kein Mensch zu sehen, wir waren die Einzigen, die bei diesem Wetter noch unterwegs waren. Auf dem Rückweg beschleunigten sich unsere Schritte ganz von selbst, noch war das Dorf nicht in Sicht. Doch plötzlich öffnete der Himmel alle Schleusen, es regnete in Strömen.

Mario schaute gelassen nach oben und hob seinen rechten Arm. Mit der Hand machte er kreisförmige Bewegungen in der Luft und durch diese wurde eine immense Kraft frei. Unmittelbar stoppte er diese gewaltige Gewitterfront, die sich über uns entlud. Staunend gingen wir weiter – kein Tropfen Wasser fiel auf den Weg, auf dem wir gingen! Es hatte sich ein trockener, ruhiger Kanal gebildet und durch eine schmale Nische schien sogar die Sonne. Doch um uns herum goss es wie aus Kübeln, das Gewitter entlud sich mit gewaltiger Kraft. Nach etwa zwanzig Minuten erreichten wir trocken und innerlich tief berührt das Dorf. Wie war so etwas möglich? Er hob seinen Arm in die Höhe und die Naturgewalten gehorchten ihm. Etwas Tiefes hatte sich in uns verändert, eine innere Grenze war weggeschwemmt worden. Ich erinnere mich noch an einige seiner Worte, mit denen er uns dieses Ereignis später erklärte:

»Der Erwachte ist leer und doch vibrieren Billionen und Aberbillionen Schöpfungen in ihm; doch diese existieren nur als Spiegelungen im Bewusstsein, es gibt keine gegenständliche Existenz.«

Frei von den Fesseln dieser Welt

Mario Mantese ist ein Meister, wie ich ihn immer erwartet habe. Ähnliche Meister kenne ich sonst nur aus Indien. Er steht für mich in einer Linie mit Ramana Maharshi, Babaji, Yogananda oder den Meistern, wie sie von Baird Spalding beschrieben wurden, und mit seiner kompromisslosen egozerbrechenden Art erinnert er mich an Poonjaji aus Lucknow.

In der mir bekannten Therapiewelt werden meist nur die Perspektiven verändert und die Problematik relativiert. Im Zusammensein mit Mario Mantese wird das gesamte alte Lebensfeld von einer gewaltigen universellen Kraft durchdrungen, erlöst und gelöscht, und dadurch geschieht ein unfassbares und unerklärbares Erwachen in Liebe und Güte.

5. Zwei Sonnen treffen sich

Chi-San Daichi – USA

Unser Zen-Meister, Shodo Harada Roshi, steht mit beiden Füßen fest auf dem Boden. Er ist streng und in seiner Art ein holzhackender und wassertragender Lehrer, er folgt der Tradition seines Lehrers. Er schläft nur drei Stunden und verrichtet täglich ein gewaltiges Arbeitspensum.

Als Carla Brunetto bei uns in Japan im Kloster Sogen-ji zu Besuch war, erzählte sie uns von Mario Mantese. Sie drängte darauf, dass wir ihn unbedingt bei unserem nächsten Besuch in der Schweiz kennenlernen müssten. Sie äußerte dies mit einer solchen Überzeugung, dass wir ihr schließlich zusagten.

Shodo Harada Roshi ist absolut nicht interessiert an sozialen Begegnungen, so war seine Zusage schon ein besonderes Ereignis. Er hatte keine Ahnung, wer dieser Mann war, und sein Entschluss schien eher ein freundliches Entgegenkommen an Carla zu sein.

Doch als wir Mario zwei Jahre später in der Schweiz trafen, war auch der Roshi erstaunt von dem großen Licht, das den Raum durchflutete und erhellte, als er ihn betrat. Beide strahlten wie Sonnen, als sie sich das erste Mal sahen! Im Zen gibt es ein Sprichwort, das ihre Begegnung perfekt beschreibt: »Wenn sich zwei leere Spiegel reflektieren, ist nichts zwischen ihnen!« – Es war genau diese Manifestation.

Ich kenne unseren Roshi seit über fünfundzwanzig Jahren; es war das erste Mal, dass er einen wirklichen Freund gefunden hatte. Obwohl es ein wichtiges und seriöses Zusammentreffen war, machten sie beide allerlei Witze und lachten Tränen. In ihrer Konversation flogen sie in alle nur erdenklichen Richtungen und ihr herzhaftes Gelächter und ihre Leichtigkeit steckte alle Beteiligten an. Aber das war nicht alles, da waren diese große Stille und die intensive Energie der beiden. Staunend stellte ich fest, dass die innere Arbeit, die sie verrichten, sich so ähnlich war und dies, obwohl ihre Instrumente, ihr historischer Hintergrund und ihre Art, sich auszudrücken, so total verschieden waren.

Für mich, die seit dreißig Jahren Zen praktiziert, war diese Begegnung mit Mario eine Offenbarung. Sie erfüllte mich mit tiefer Dankbarkeit, und seine so besondere Art zu sein beeindruckte mich. So habe ich ihn erfahren, immer wechselnd, innerlich keinen Moment an einem Ort und doch immer derselbe. Unerschütterlich und fließend, ein allsehendes Auge, das sich niemals schließt, ein Licht, das nie erlischt. Da es nicht möglich ist, ihn zu beschreiben, möchte ich einige Momente meiner Erfahrungen mit ihm schildern.

Das ganze Universum auf einem Stuhl

Unser Roshi hatte Mario in unser Kloster nach Japan eingeladen. Als er dann ein Jahr später bei uns zu Gast war, dauerte es eine Weile, bis ich ihn in seiner inneren, unendlichen Dimension wahrnehmen konnte. Ab und zu gab es Momente, wie ein Flackern, in denen ich kurz das sah, was er wirklich ist. Mario hatte noch Mühe mit seinem Körper, als er das erste Mal bei uns war, das hat sich inzwischen geändert, seine körperliche Verfassung hat sich erstaunlich verbessert.

Jeden Abend um viertel nach acht, nachdem der Roshi seine Arbeit mit seinen Schülern beendet hatte, kam er den steilen Hügel hoch, um Mario im Gästehaus in Qigong zu unterweisen. Da der Roshi kein Englisch spricht und Mario kein Japanisch, war ich damit gesegnet, für sie zu übersetzen. An diesem speziellen Abend betrat ich das Gästehaus eine Viertelstunde früher. Es war stockdunkle Nacht. Leise ging ich den dunklen Gang hinunter, es war niemand da, und doch war an diesem Abend alles völlig anders. Alle Lampen waren gelöscht. Wie aber war es möglich, dass in der Küche, die sich am Ende des Ganges befand, ein so unsagbar helles Licht strahlte? Und da war nicht nur dieses helle, liebliche Licht, es gab plötzlich auch nirgends mehr Wände! Eine tiefe Stille, in die seit Jahrtausenden kein Ton eingedrungen war, absorbierte mich – es gab kein Objekt der Wahrnehmung in diesem grenzenlosen Raum. Vor mir saß Mario ruhig und gelassen auf einem Stuhl. Der Raum, in dem er saß, war so unendlich groß, so still und so klar – ich war vollkommen überwältigt. Ich erkannte, dass er dieser endlose Raum selbst ist! Still und sehr ruhig begrüßte er mich. Es war, als würde er im unendlichen Raum des gesamten Universums sitzen, und genau in diesen unendlichen Raum war ich eingetreten. Es ist vollkommen unmöglich zu beschreiben, was ich empfand und was in mir ausgelöst wurde. In diesem Moment war es für mich unmöglich zu denken. Wenn ich jetzt über diese Erfahrung nachdenke, bin ich verblüfft, wie die Erinnerung an diesen Moment erfüllt ist von einem unermesslichen Glücksgefühl.

Als wir an einem Nachmittag in der Töpferei des Klosters Tee tranken, hatte ich endlich die Gelegenheit, ihm ein paar Fragen zu stellen: »Was bedeutet für dich Buddhismus?«

»Darüber weiß ich sehr wenig«, begann Mario. »Ich habe viele Länder bereist, Klöster besucht und mit Mönchen und anderen praktizierenden Menschen gesprochen. Überall habe ich ein großes, ehrlich gemeintes spirituelles Bemühen angetroffen und man hat mir verschiedene Übungen, Rituale und Meditationstechniken erklärt. Ich fragte sie, was sie mit diesen Anstrengungen erreichen wollten. Die Antworten waren ähnlich: Erlösung für alle Lebewesen, das Nirwana verwirklichen. Zuerst werde man ein Bodhisattva und irgendwann, nach vielen Inkarnationen, ein voll erwachter Buddha. Ein Mann sagte mir, man sollte froh sein, in dieser Inkarnation als Mensch geboren zu sein.

Aber wie ich dir bereits erklärt habe, weiß ich von diesen Dingen wirklich sehr wenig!

Ich habe mich jedoch gefragt, wie kann dieses Ich durch endloses Üben und Bemühen sozusagen als Belohnung ein Buddha werden, da der Übende selbst illusorisch ist. Der voll erwachte Buddha ist kein Objekt, kein Körper, kein Individuum, er ist das nicht-seiende Hier und Jetzt. Wie kann ein Individuum durch diese subjektiven Anstrengungen ein Nicht-Individuum werden, ungeformt, ungeboren, ungemacht und ungeworden. Der individuell Übende und Strebende folgt einem Dogma und erschafft dadurch zielgerichtet eine mächtige Halluzination in seinem Gehirn. Er hofft und glaubt an ein individuelles Erreichen und Verwirklichen, doch dieses ganze Bemühen ist zeiträumlich gebunden, nichts als ein Konzept. Statt sich so intensiv zu bemühen, etwas zu werden oder zu verwirklichen, sollte man sich fragen, wer das ist, der das alles will, und wo dieser Wille zu tun entsteht! Vielleicht findet man heraus, dass es den Übenden in Wirklichkeit gar nicht gibt und dass der Suchende das Gesuchte ist.

Es gibt nichts, das getrennt oder jenseits der Totalität ist, die Totalität ist immer verwirklicht. Du kannst nicht etwas zu verwirklichen suchen, was schon immer verwirklicht ist! Dieses beharrliche Üben ist wie ein Verleugnen seiner eigenen wirklichen Existenz. Du selbst bist die Totalität. Es gibt keinen einzigen Augenblick, in dem die Totalität nicht ist. Siehst du, es gibt nichts Neues zu erreichen, sei so, wie du bist. Was wirklich ist, muss immer da sein, und das, was immer da ist, bist du!«

Seine starken Worte hatten mich tief erschüttert, ich konnte mich ihnen nicht entziehen. In dieser Tiefe hatte ich dieses Thema noch nie betrachtet.

Während der Zeit, die er hier mit uns verbrachte, geschahen noch andere, ähnliche Ereignisse. An einem Nachmittag spazierten wir in Okayama durch den bekannten Korakuen-Garten entlang eines kleinen Sees. Die Kirschbäume zeigten sich in ihrer vollen blühenden Pracht. Ich stand neben ihm, und wir betrachteten die großen Karpfen, die im klaren Wasser schwammen. Kein Wort wurde gesprochen und dann, plötzlich, war da wieder dieser kristallklare, unendliche und endlose Raum, diese gewaltige Energie, die mich einhüllte. Ich hatte unmittelbar als Persönlichkeit aufgehört zu existieren. Was weiter spazierte und sprach, war nur noch der feine Pulsschlag des Universums. Seit diesem Tag weiß ich, dass er immer in diesem Zustand ist, ja dass er dieser Zustand selbst ist.

Bei seinem letzten Besuch, sprach er wiederum im Kloster für mehrere Stunden zur Sangha (Mönchsgemeinschaft). Er ist die einzige Person, der unser Roshi erlaubt, im Kloster zu seinen Schülern zu sprechen. In dieser Beziehung ist er absolut kompromisslos.

Bevor ich seiner Ansprache beiwohnen konnte, musste ich mich um Gäste kümmern, die soeben angekommen waren. Als ich später zurückkam, war der Raum, in dem Mario saß und sprach, völlig transformiert. Physisch gesehen war alles wie vorher, aber der ganze Raum und alle, die in ihm saßen, vibrierten im Universum, in dieser endlosen und zeitlosen Kraft. Da war dieser helle, summende Ton – dieser Ton, den das physische Ohr nicht hören kann. Mario erklärte einem Dinge, die man schon wusste, aber nie in dieser Tiefe, die er aufzeigt, gesehen hatte. Unmittelbar reißt er einem einen inneren Schleier weg, und im nächsten Augenblick sieht man alles anders, mit völlig neuen Augen. Das Faszinierende daran ist die Gleichzeitigkeit, in der dies geschieht. Eine leicht verwirrende Erfrischung stellt sich augenblicklich ein und zugleich eine große Erleichterung. Es fühlt sich an, als ob von einem Moment zum anderen ein großes Gewicht aufgelöst und gelöscht wird. Es fühlt sich nicht nur so an, es ist so! Die neue Wahrnehmung, die unmittelbar daraus hervorging, veränderte jeweils mein ganzes Leben.

Marios Weisheit und seine tiefen Worte werden von uns hier im Kloster oft besprochen und so respektvoll wie die Worte der alten Zen-Patriarchen behandelt und bewahrt, es sind wahrlich kostbare Perlen. Die Welt, wie er sie sieht, ist dieselbe, wie Roshi sie sieht. Beide lehren uns die Wichtigkeit des Verbrennens des Ego-Abfalls, denn es ist dieser Abfall, der uns schwer macht und in die Dunkelheit herunterzieht.

Obwohl Mario nicht meditiert und keinen eigentlichen Weg geht, ist sein Wesen Zen.

6. Das Ende des Denkens

Renate Felicitas Hartjenstein – Deutschland

Ich war gerade frisch umgezogen und arbeitete an meinem Abschiedsschmerz, den mir diese Trennung vom vierhundert Kilometer entfernten Wohnort bereitete. In dieser Zeit rief mich eine langjährige Bekannte an, in deren Nähe ich jetzt wohne. Sie wusste, dass ich beruflich viel mit dem Thema »Tod« konfrontiert war und erzählte mir von einem Mann, der dem Tode sehr nahe gewesen war. Lange war er im Koma gelegen und als er aus diesem erwachte, war er blind, stumm und völlig gelähmt. Sie hatte ihn in einer Fernsehsendung gesehen, wo er über seine Erfahrungen im Jenseits sprach. Sie erfuhr weiter, dass er Bücher schrieb und Seminare hielt. Mehr wussten wir nicht – doch unsere Neugier war geweckt.

Einige Wochen später fuhren wir nach München und hatten ein ganzes Auto voller Fragen dabei. Gespannt saßen wir zwischen den vielen Menschen und warteten auf die Hauptperson. Die Menschen kannten sich zum großen Teil, doch lagen sie sich nicht in den Armen, wie wir es von anderen Seminaren kannten. Es gab keinen Applaus, Mario Mantese war ganz unspektakulär in den Raum gekommen, ordnete noch einiges und nahm dann auf einem Stuhl beim Mikrofon Platz. Er strahlte eine konzentrierte, unaufdringliche Wesensart aus und sein raumfüllendes Lachen steckte uns an.

Seine noch nicht ganz hergestellte Sprachfähigkeit forderte uns heraus, uns einzufühlen und konzentriert einzuhören. Er sprach davon, wir sollten nicht dazulernen, sondern ent-lernen. Wir waren inhaltlich schwer gefordert, seinen Ausführungen bis in die letzte Konsequenz zu folgen. Die eingefügten Stillephasen waren sehr angenehm und von tief gehender Musik begleitet. Mein skeptisches Gemüt wollte meutern, denn Musik ist nun mal keine Stille. Er ging humorvoll darauf ein, es war mir den Versuch wert gewesen, ihn darauf anzusprechen.

»Warum machst du so viel Lärm wegen dieser kurzen schönen Musikintervalle?«, fragte er schalkhaft. Mit der Zeit erkannte ich, dass die Musik als Boot in die Stille führt.

Nach seiner Ansprache ließ er uns wissen, dass wir nun unsere Fragen stellen dürften. Zwei Reihen vor mir saß eine Person, die, wie sich herausstellte, das erste Mal an einem seiner Treffen dabei war. Jemand habe sie mitgebracht, erklärte sie. Sie hatte ihre Hand gehoben, um eine Frage zu stellen, doch zuerst stellte sie sich selbst vor und erzählte, dass sie in der Medizin tätig sei und auch als Heilpraktikerin arbeite. Dann schilderte sie eingehend ihr esoterisches Wissen und die Ausbildungen, die sie in diese Richtung alle absolviert hatte.

Er hörte ihr geduldig zu, doch diejenigen, die ihn schon länger kannten, ahnten bereits, was da kommen würde.

Die Person erzählte weiter und sagte, dass sie kürzlich an einem äußerst interessanten Vortrag von einem Professor gewesen sei, und dieser habe eingehend über den Omega-Punkt und über Zeit, Raum und Kausalität gesprochen.

Ich sah den Schalk in seinen Augen blitzen und sogleich fragte er die Person mit seiner ihm eigenen Intensität: »Kannst du mir auch etwas über den Omega-Punkt und Zeit und Raum erzählen? Bitte, du weißt so viel über diese Dinge, sage mir, ist Gott ein Punkt, oder hat er einen solchen erschaffen und, was denkst du, ist die Welt in Zeit und Raum, oder sind Zeit und Raum in der Welt?«

Die Person saß sprachlos da, ihr Gehirn war nicht mehr fähig, auch nur einen einzigen Gedanken zu denken, so verblüfft war sie von seiner spontanen Gegenfrage. Den Rest des Tages saß sie still da und hörte sehr aufmerksam zu, und als sie sich am Abend von ihm verabschiedete, bedankte sie sich aufs Herzlichste. Wir haben sie danach nie mehr gesehen.

Am Ende des Tages qualmten uns die Köpfe. Wir versuchten zu erfassen, was wir hier erlebt hatten, wir waren randvoll und konnten uns kaum noch erinnern, womit der Tag begonnen hatte. Ich weiß noch, wie ich den Raum verließ und mich auf einen Sessel setzte, um mit geschlossenen Augen abzuschalten und ein Weilchen frei zu sein von Außenimpulsen. Am selben Abend ging es auf die vierstündige Rückreise. Wir saßen im Auto und plötzlich brach die Analyse aus uns heraus: Viele Fragen, viel Nicht-Verstehen und auch ein tiefes Berührtsein von diesen Augen und Händen und dem Humor, mit dem dieser Mann zu uns gesprochen hatte.

Inzwischen erkenne ich in Mario meinen spirituellen Lehrer und weiß, dass ich bei ihm bleiben will, solange ich bei ihm lernen kann. Es ist schwer, anderen Menschen zu erklären, wer er genau ist und wie er wirkt, doch weiß ich jetzt mit Sicherheit, dass er wirkt, sehr umfassend und tief in mir drin. Ich habe mich verändert: Ängste sind dahingeschmolzen, Erwartungen schrumpfen, mein Vertrauen in mich ist größer. Klarheit – etwas, das ich immer geliebt habe – bekommt ein neues Gesicht, eine neue Tiefe, eine neue Wichtigkeit. Inzwischen habe ich eine starke Verbindung zu ihm bekommen und erfahre, dass er bereit ist, mir in seiner unermesslichen Liebe Dinge abzunehmen, wenn ich sie ihm gedanklich oder brieflich übergebe. Mein Leben ist so viel klarer und liebevoller geworden.

Das kleine Mädchen in mir

Das reichste und eindrucksvollste Erlebnis mit ihm hatte ich im Dezember 1996. Diesmal war ich alleine nach München gekommen. Ich wohnte bei einer Freundin ganz nahe beim Veranstaltungsort. Am Ende des Zusammentreffens ging ich nach vorne, um mich wie gewohnt zu bedanken und zu verabschieden. Während er meine Hand hielt, fragte er mich, ob ich abends mit ihm essen gehen wolle. Ich freute mich sehr über die Einladung. Ich solle um acht Uhr ins Hilton kommen. Ach du meine Güte, in ein so feines Hotel, ich hatte nur Snow-Boots und rustikale Wintersachen dabei. Ich hoffte, dass wir nicht den ganzen Abend im Hotel verbringen würden. Während ich in der Wohnung meiner Freundin ankam, breitete sich in mir mehr und mehr Aufregung aus. Ich dachte an »Pretty Woman« und vertraute dann aber darauf, dass sich alles ganz locker entwickeln würde. Also machte ich mich auf den Weg, hob den Kopf, vergaß die Snow-Boots und betrat schließlich das Hotel. Oh je, links oder rechts? Es war Weihnachtszeit, die Empfangshalle war voller Menschen. Ich blieb stehen und suchte nach einer Orientierungshilfe. Zum Glück erspähte ich ein paar bekannte Gesichter, Menschen, die ich am Seminar gesehen hatte. Ich setzte mich zu ihnen und fragte sie, ob sie auch warteten, um mit Mario essen zu gehen? So war es, und niemand wusste, wer außer uns noch mitkommen würde. Wir kannten uns nur vom Sehen und während wir warteten, kamen wir ins Gespräch. Es waren Menschen, die ihn schon viele Jahre kannten. Ich war verwirrt und fragte mich: Wie konnte es sein, dass er mich zu so einem persönlichen Treffen eingeladen hatte? Vielleicht hatte ich mir die letzten Wochen zu laut gewünscht, mit ihm allein beim Tee zu sitzen und ihm alle meine Fragen stellen zu können.

Punkt acht Uhr betrat er die Halle. Es wurde entschieden, in einem chinesischen Restaurant auf der gegenüberliegenden Straßenseite zu essen. Wir gelangten an den Straßenrand, überall Eis, es herrschte klirrende Kälte. Mario bat mich um meine Hand. Ich spürte, wie mein Herz schlug bei dem Gedanken, dieses Juwel eines Menschen sicher über die breite Straße bringen zu dürfen. Ich war so angespannt! Er sagte mit sanfter Stimme, ich solle ganz locker bleiben. Aber im Restaurant steigerte sich die Aufregung wieder. Ich wartete, bis alle ihre Plätze eingenommen hatten, und siehe da, ausgerechnet der Platz neben ihm blieb frei. Dorthin setzte ich mich und versuchte zu entspannen, aber mein Hunger war weg. Er bat mich, ihm etwas auf seinem Teller zu zerschneiden, und unterhielt sich dabei fröhlich mit uns. Damals konnte ich noch nicht wissen, dass all diese kleinen Dinge tiefe Belehrungen für mich waren. Nichts geschah nur so, alles hatte einen tiefen Grund. Allmählich kam das kleine Mädchen in mir zur Ruhe. Die Gespräche waren interessant und irgendwann kam ich auf meine vor kurzem verstorbene Freundin zu sprechen.

Ich war besorgt um sie, dachte, ihr Mangel an Glauben würde sie noch herumirren lassen. Er sagte nur: »Sie geht ins Licht, sie ist Licht.« – Das nehme ich heute immer wieder in mich auf.

Nach dem Essen verließen wir das Lokal. Er lud mich ein, mit ihm im Hilton noch etwas zu trinken. Das feine Ambiente erschreckte mich nun nicht mehr. Wir nahmen in einer Ecke auf einem kleinen Sofa Platz, der Barpianist spielte am Flügel und wir tranken heiße Schokolade. Da saßen wir, und mein Ego war richtig eingebildet und stolz, ihn nun für mich ganz allein zu haben. Doch seltsamerweise hatte es mir die Sprache verschlagen, alle Fragen waren weg. Längere Zeit saßen wir still da, bis es aus mir herausplatzte, dass ich die Situation reichlich witzig und ungewöhnlich fände. Er fragte nur: »Wieso?« – Ich suchte nach den richtigen Worten und meinte, dass es doch nicht selbstverständlich sei, mit ihm hier ganz alleine zu sitzen. Er sah mich mit diesem warmen Blick an und sagte: »Ich will nichts von dir, ich spiele nicht mit den Gefühlen der Menschen. Es ist einfach schön, hier mit dir zu sitzen und heiße Schokolade zu trinken.«

Ich weiß, dass er meinen innersten Zustand genau kannte. Seine sanften, aber mit großer Kraft geladenen Worte drangen ganz tief in mich ein und wirkten wie ein großer, wärmender Raum voller Klarheit, ich fühlte ein großes Behütetsein.

Mein Herz ging auf für den wahrhaftigsten Freund meines Lebens. Tränen flossen über meine Wangen und aus mir platzte der Satz: »Darauf habe ich vierundvierzig Jahre gewartet!« In mir war etwas zutiefst Erlösendes geschehen, es machte strömendes Leben frei.

Schließlich war es Zeit aufzubrechen und er begleitete mich noch bis zur Tür. Ich war so aufgewühlt, dass ich nicht wusste, wie ich ihm danken und mich verabschieden sollte. Er nahm mich bei den Schultern und gab mir einen Kuss auf die Stirn. Ich spüre bis heute die Heilkraft dieses Rituals. Es war der Beginn eines vorher noch nie gekannten heilsamen Vertrauens – und Gott weiß, wie groß mein Mangel gerade in diesem Bereich war.

Er ist immer da

Jahre später, auf einer Reise durch Amerika, im Brice Canyon Park, suchte ich seine Nähe, hatte Sehnsucht nach seiner erhebenden Lichtenergie und saß mit geschlossenen Augen still da. Tief in mir bat ich ihn um ein Zeichen der nahen Verbundenheit. Als ich die Augen öffnete, saß unmittelbar vor mir ein Streifenhörnchen und schaute mich putzmunter mit wachen Augen an. Mir kamen Tränen und gleichzeitig stieg ein großes Lachen in mir hoch. Unmittelbar erkannte ich, dass alles, was mein Herz im schlichten So-Sein eroberte, eine Verbindung zu ihm war. Welch schöner und hilfreicher Gedanke! Ich öffnete mein Herz, spürte ihn und nahm die gesamte Natur viel intensiver wahr. Überall entdeckte ich Wasserfälle, glasklare Bäche, die Farben des Sommers, Regenbögen und die endlosen Weiten des Himmels. Die Schöpfung gibt sich einfach so, bedingungslos. – Das war's, was er für mich ist! Ich spüre diese helle Energie mehr und mehr in mir wirken und wie sie das, was so lange gewartet und geschlummert hat, gewissermaßen wachliebt.

Es gibt sicher noch viel zu tun, und der Weg mit ihm führt gelegentlich in sehr unangenehme Winkel meines Lebens. Ich hatte tiefe Löcher zu überstehen, manches körperliche Thema und manch depressive Phase, schließlich wollte ich Tiefe. Niemals vorher in meinem Leben tauchten jedoch gleichzeitig mit dem Problem so sichtbare Hilfs- und Lösungsangebote auf. Mein heutiges Thema ist die Leichtigkeit, das Lachen und mehr Lieben. Ich empfinde es als eine Gnade, diesen Meister gefunden zu haben. Gelegentlich scheint mir, als dürfe ich ein Stück Himmel auf Erden erleben. Ich bin sehr dankbar, seine Liebe hat keinen Preis – es hat eine Weile gedauert, bis ich das wahrhaft glauben konnte. Die Fragen haben nachgelassen, weil die Erfahrung mit ihm lehrt, dass die Antworten oft schneller eintreffen, als ich die Frage formulieren kann. Welch ein Segen!

7. Der innere und der äußere Meister

Maximilian Hirsch – Deutschland

Ich sitze auf feinem weißem Sand, vor mir das türkisfarbene karibische Meer. Ein Pelikan gleitet lautlos und elegant über mich hinweg. Eine leichte warme Brise trocknet meine Wangen.

Vor einiger Zeit hat mich jemand gefragt, wann ich zum letzten Mal geweint habe. Ich wusste es nicht, hatte es vergessen! Doch jetzt, genau in diesem Moment, bin ich der Liebe so nahe, so erfüllt, dass Tränen der Glückseligkeit aus meinen Augen fließen. Vor Schmerz und Trauer habe ich oft geweint, aber nicht vor Glück. Es ist das unendliche Glück der Liebe, das mein Herz und mein Auge zutiefst rührt. Keine Worte können diesen Zustand beschreiben, außer vielleicht unendliche Dankbarkeit, unendliches Vertrauen, Demut und strahlende Schönheit.

In meinem bisherigen Leben gab es auch dunkle und schmerzhafte Erfahrungen. Ein Gockel will sein Kikeriki halt möglichst vom Gipfel des höchsten Misthaufens schmettern, und der Weg dort hoch bringt auch viel Mist mit sich. Letztendlich könnte ich alle Geschehnisse in meinem Leben als ziemlich unbedeutend bezeichnen. Eine Begegnung jedoch ist die große Ausnahme. Im Nachhinein betrachtet, würde ich sie als von gewaltiger Natur bezeichnen. Durch diese Begegnung bin ich jetzt hier in diesem unbeschreibbaren Zustand angelangt, in dieser Situation, da ich in gedankenfreiem Glück die wunderschöne Natur und Tierwelt erleben kann.

Der Mensch, von dem ich hier erzähle, ist Mario Mantese, *Meister M.* Durch ihn ist mir klar geworden, dass der menschliche Körper und sein Name sterblicher Natur sind, nicht aber die Liebe, die von einem erwachten Menschen ausgeht. Die Begegnung mit ihm hat mein Leben auf ursächliche und gigantische Art verändert. Es würde keine Mühe bereiten, über ihn mehrere Bücher zu füllen. Ich genieße es, hier und jetzt über mein Leben in tiefster Verbundenheit mit ihm zu erzählen.

Arabisch in den Ohren

Rund zwölf Jahre ist es her seit unserer ersten Begegnung, die mich damals ziemlich verblüffte. Es war auf einem Zusammentreffen in der Nähe Münchens. Folgendes sei vorausgesagt: Bis zu diesem Zeitpunkt waren mir Leute, die an grenzwissenschaftlichen Seminaren oder Kursen teilnahmen, suspekt bis lächerlich erschienen. Bewusst distanzierte ich mich von jeglicher Belehrung durch andere. Die meisten esoterischen Strömungen stießen mich ab, Spiritualität als solche jedoch zog mich stark an. Die »Autobiographie eines Yogi« von Paramahansa Yogananda hatte mich sehr tief berührt. Was jetzt auf mich zukam, war das gleiche Thema, nur hier war es lebendig in Fleisch und Blut vor meinen physischen Augen. Ich saß vor einem Meister, durch den das göttliche Universum strahlt.

Mario Mantese, hatte man mir gesagt, sei ein spirituell sehr weit entwickelter Mensch mit vielen außergewöhnlichen Fähigkeiten. Man erzählte mir viele wundersame Dinge über sein Leben. Das reichte, den musste ich sehen.

Da saß ich nun vor ihm und schaute mir diesen Menschen genau an. Eines werde ich mit Sicherheit nie mehr vergessen: Während er sprach, stieg mein Gehirn zeitweise komplett aus. Seine Worte klangen dann wie arabisch in meinen Ohren, doch das meiste verstand ich sehr wohl. Dann geschah Folgendes:

Eine Teilnehmerin stellte ihm eine Frage in Bezug auf Karma; es war offensichtlich, dass sie sich eingehend mit diesem Thema befasst hatte.

F: Ist das Karma des einzelnen Menschen vorgezeichnet, oder hat jeder die Möglichkeit, in seinem Leben sein Karma zu verändern?

MM: Wenn du von Karma sprichst, meinst du damit Ursache und Wirkung?

F: Ja, Ursache, Wirkung und Schicksal.

MM: Hast du dir schon darüber Gedanken gemacht, wann genau dein eigenes Karma begonnen hat?

F: Ich verstehe deine Frage nicht.

MM: Glaubst du an Wiedergeburt?

F: Ich glaube, dass wir alle wiedergeboren sind.

MM: Also, wann genau begann dein Karma, dein Schicksal, vor wie vielen tausend Jahren hast du begonnen zu existieren und was warst du zuvor?

F: Du verwirrst mich.

MM: Nein, ich ent-wirre dich! Wann hast du begonnen zu existieren? Als etwas Existierendes bist du eine Wirkung, was war die Ursache dieser Wirkung, wo kamst du her? Warst du zuerst nichts, und dann aus diesem Nichts bist du entstanden? Doch wie kann aus nichts etwas entstehen? Bist du Karma, oder hast du Karma? Was warst du, bevor dein Karma begonnen hat?

Die Person saß sprachlos da und meinte dann:

F.: Diese Fragen kann ich wirklich nicht beantworten, in dieser Konsequenz habe ich dieses Thema noch nie betrachtet.

MM: Das, was du wirklich bist, hat absolut nichts mit Vergangenheit, Zukunft und Karma zu tun. Das sind nur Konzepte, Missverständnisse. Karma ist nur eine Theorie, du bist doch keine Theorie! Da das Ego an sich nichts Wirkliches ist, wie kann denn Karma wirklich sein. Erkenne, was du wirklich bist! Du bist kein Körper, kein Individuum, keine Ursache und keine Wirkung, du bist zeitlose, raumlose Präsenz. Das Karma wird von dir als solches wahrgenommen, doch der Gedanke ›Ich sehe‹ und die Erwartung, dass etwas geschieht oder dass du etwas verändern oder erreichen kannst, sind alles Auswirkungen des Ich-Gedankens. Dieses Ich bist du nicht, ich ist bloß eine Vorstellung im Bewusstsein! Was du wirklich nicht bist, ist Karma. Das alles bestimmende Dasein, die einzige Realität ist Gott, du kannst nicht getrennt von ihm existieren. Gott hat kein Karma, sonst wäre er zeit-räumlich gebunden und vergänglich. Das, was du durch deine Sinne wahrnimmst, ist untrennbare Wirklichkeit, ist das, was du wirklich bist, frei von Ursachen und Wirkungen. Die Totalität ist ohne individuelles Ich und daher Nichtdenken. Nichtdenken ist das Land der Stille, der universelle Meister!

Im Laufe dieser Ausführungen loderte plötzlich eine sehr spezifische Frage in mir auf. Das Thema, das er gerade behandelte, war ein völlig anderes, es hatte mit der Thematik meiner Frage absolut nichts zu tun. Beim Sprechen schaut er ruhig und gelassen seine Zuhörer an, die Kraft, die aus seinen Augen strahlte, war enorm.

Doch dann, für einen kurzen Moment, ruhte sein Blick plötzlich in meinen Augen. Ohne dass jemand im Saal es registrierte, baute er mitten in seine Antworten einen Nebensatz ein. Dieser Satz hatte nicht im Geringsten etwas mit dem soeben noch Besprochenen zu tun. Er beantwortete eindringlich und klar meine Frage. Dann fuhr er fort, als wäre nichts gewesen.

Keinem der Zuhörer im Raum war etwas aufgefallen. Ich saß perplex und mehr als erstaunt in den Reihen. Nicht nur seine Hellsichtigkeit überraschte mich, auch die Art, wie er meine Frage gesehen und beantwortet hatte, war so ungewöhnlich und so speziell. Sie war außerordentlich präzise, treffend und kam ohne ein einziges unnötiges Wort aus. Brillant war alles, was mir dazu einfiel. Fortan war mir klar, dass mein Gegenüber Fähigkeiten verkörperte, denen ich in meinem bisherigen Leben noch nie begegnet war. Das nächste Zusammentreffen war mir jetzt Pflicht, schließlich sitzt man nicht jeden Tag einem solchen Menschen gegenüber.

Lichtkraft contra Lampenfieber

Inzwischen sind viele Jahre vergangen und ich erzähle diese Erfahrungen aus einer völlig anderen Wahrnehmung heraus. So viel hat sich inzwischen ereignet. Faszinierend sind nicht nur die Worte dieses Menschen, den ich über alles lieb gewonnen habe, nein, es ist auch diese ungeheuer starke Lichtkraft, die von ihm ausstrahlt.

Ein Beispiel seiner Grenzenlosigkeit möchte ich gerne hier erzählen. Wir kannten uns bereits mehrere Jahre und seine enormen Fähigkeiten oder, besser gesagt, Möglichkeiten waren mir inzwischen vertrauter. Ich befand mich in meinem damaligen Beruf als Schauspieler kurz vor der Premiere eines Theaterstückes. Man hatte mich in der Rolle meines Lebens besetzt, auf dem Spielplan stand Molières »Don Juan«. In dieser herrlichen Komödie spielte ich den Diener des Don Juan, Sganarell. Ich spielte diesen Menschen mit meiner ganzen Intensität und wirbelte über die Probebühne in einem Spieltempo und einer Kraft, die allen Beteiligten große Freude bereitete. Aber wegen des sehr umfangreichen, sehr schnell zu liefernden Textes beschlich mich eine Woche vor der Premiere große Angst.

Ich befürchtete einen Texthänger, den berühmten »Black-out«. Kein Souffleur könnte das »glatt bügeln«. Drei Tage vor der Premiere verwandelte sich meine Angst in Panik. Ich kontaktierte Mario und schilderte ihm mein Problem. Er hörte geduldig zu und versprach mir, ohne zu zögern, sich der Angelegenheit anzunehmen. Er wollte lediglich wissen, wann und wo die Premiere sei.

Nun, er versicherte mir während des Telefonats, dass mein Alptraum mit Sicherheit nicht eintreten werde, ich solle ihn am Tag nach der Premiere anrufen und ihm berichten. Sollte an dieser Stelle irgendjemand denken, ich sei psychologisch manipuliert worden, dann nur, weil er Mario Mantese nicht kennt. Ich wusste aus langjähriger Erfahrung, dass sein Wort absolute Gültigkeit hat. Die Premiere war ein Riesenerfolg, ich gab alles und das Publikum dankte es mir. Am nächsten Tag rief ich ihn an und erzählte ihm, wie gut alles gelaufen war. Dann sagte er mir etwas Erstaunliches. Er erklärte mir, dass er mich auf der Bühne gesehen habe. Ich wusste nicht, wie ich mir das vorstellen sollte. Dann jedoch ging er immer mehr ins Detail und gab mir zu speziellen Szenen wie ein guter Regisseur Hinweise. Das Ganze gipfelte darin, dass er aus einer bestimmten Szene meine Aktion und meinen Gang über die Bühne genau beschrieb und dies mit Verbesserungsvorschlägen verband. Er hatte exakte Kenntnisse, wie sich alles während des Stückes auf der Bühne zugetragen hatte. Auf keiner Probe war diese Szene je so gelaufen, nur in der Premiere! Dieser Mensch konnte nicht nur Gedanken lesen wie unsereins die Tageszeitung, nein, er konnte über vierhundert Kilometer räumliche Entfernung auch noch Geschehnisse bis ins kleinste Detail mitverfolgen.

Ein Schutzengel in Thailand

Da ist noch ein anders tief greifendes Erlebnis mit ihm, das umfassend seine kosmische Anwesenheit aufzeigt. Dieses Ereignis ist jedoch so unfassbar, so gewaltig, dass es in seiner Komplexität kaum ganz geschildert werden kann.

Es geschah im goldenen Dreieck zwischen Burma, Laos und Thailand. Bei einem schweren Motorradunfall auf einer Lehmpiste mitten im Dschungel wurde mein Kniegelenk in mehrere Einzelteile zerlegt und mein linker Fuß gespalten. Sofort war ich mir meiner lebensbedrohlichen Situation bewusst. Weit und breit war niemand da, um mir zu helfen. Innerlich begann ich flehentlich Mario zu rufen. Ich richtete meinen Geist in absoluter Hingabe an ihn aus. Ich war sicher, egal wo sich sein Körper auf diesem Planeten aufhielt, er hörte mich! Es gelang mir, die schlimmen Blutungen selbst einigermaßen abzubinden. Etwa eine halbe Stunde später tauchte scheinbar zufällig ein Mensch an diesem verlassenen Ort auf.

Zu meinem Erstaunen stellte sich heraus, dass er während des Vietnamkrieges amerikanischer Sanitätssoldat gewesen war, aber inzwischen seit zwanzig Jahren in Thailand lebte und die Landessprache perfekt beherrschte. Sein Name war Cary, er brachte mich in eine Versorgungsbaracke. Da es in dieser ländlichen Gegend keinen Arzt gab, flickte eine junge Krankenschwester provisorisch – und ohne Narkose – meinen Fuß zusammen.

Mein Retter, den ich erst knapp eine Stunde kannte, der wie vom Himmel gefallen plötzlich erschienen war, stand die ganze Zeit neben mir und half mir, diese äußerst schmerzhafte Prozedur zu ertragen. Später organisierte er meine Weiterreise auf der Ladefläche eines Lastwagens in ein Hospital in Nordthailand.

Nach zweieinhalb Wochen war ich endlich zu Hause. Zu meiner großen Ernüchterung erklärten mir die deutschen Ärzte, dass man aufgrund der verstrichenen Zeit nicht mehr operieren könne. Die Brüche im Kniegelenk waren bereits festgewachsen und der Fuß war hochgradig infektiös. Einige Stellen hatten sich bereits in Fäulnis aufgelöst, und Spezialisten prophezeiten mir, dass es mindestens drei Monate dauern würde, bis das Gewebe einigermaßen nachwachsen würde. So rief ich Mario an und erklärte ihm meinen Zustand. Er sagte mir, ich solle mir keine Sorgen machen, er würde sich meiner annehmen, wichtig sei, dass ich den erlösenden Weg nie aus den Augen verliere. Ein ganzer Berg Steine fiel mir nach diesem Gespräch vom Herzen, denn ich wusste, dass er auch sehr leicht Nein sagen kann.

Doch, oh Wunder, nach drei Wochen war mein Fußgewebe völlig erneuert. Drei Monate nach dem schweren Unfall ging ich wieder und heute merkt man kaum noch etwas. Während des Heilungsprozesses hatte ich ihn kein einziges Mal gesehen, doch ein halbes Jahr später fuhr ich zu ihm in die Schweiz, um ihn zu besuchen und mich zu bedanken. Wir saßen gemeinsam am Ufer eines Sees, und ich erzählte ihm von meinem amerikanischen Helfer Cary. Da sagte er etwas für mich völlig Unfassbares:

»Ich kenne Cary. Einstein hat gesagt: Gott würfelt nicht.«

Einige Monate später war ich nochmals in Thailand, wider Erwarten als gesunder Mensch. Ich wollte mich auch bei Cary für alles bedanken. Als ich ihn traf, erzählte ich ihm von Mario und kam aus dem Staunen nicht mehr heraus, als er mir bestätigte, ihn tatsächlich zu kennen. Vor etwa zehn Jahren hatte er ihn in Bangkok getroffen und sie hatten damals ein langes und tiefes Gespräch geführt. Man kann sich vorstellen, was in diesem Moment in meinem Gehirn ablief!

Für mich gibt es nur eine Erklärung, dieser Mensch ist die klarste Sicht allen Seins, nichts anderes als die reine Liebe selbst. Sein Dasein ist nicht in Worte zu fassen. Es mag noch viele andere verwirklichte Meister mit solch einer Kraft auf dieser Erde geben; ihm bin ich begegnet und bin immer noch dabei zu staunen. Die gewaltige Lichtkraft, die unaufhörlich von ihm ausstrahlt, weckt in allen Menschen die Liebe und bringt in einem tiefen Sinn das Beste im Menschen hervor. Nur ein unerschöpflicher Kraftquell außerhalb dieser zweifachen Todesnatur vermag dies zu bewirken. Was es heißt, ein Leben in absoluter Klarheit und Liebe zu leben, das kann man an Mario Mantese mit eigenen Augen sehen und erleben. Er ist ein Beispiel grenzenloser verwirklichter Liebe, nichts anderes.

Die Sucht wird gelöscht

Mehrere Jahre waren vergangen, als er uns ankündigte, dass nun die Zeit gekommen sei, da sich für uns neue Möglichkeiten zur Vertiefung dieser erlösenden Arbeit eröffnen würden. Allen von uns, die schon viele Jahre mit ihm zusammen waren, erklärte er, dass es jetzt zwei Möglichkeiten gäbe: entweder so wie bisher in der Arbeit zu bleiben oder aber in den ersten der Inneren Kreise einzutreten. Wir hatten natürlich keine Ahnung, was diese Inneren Kreise sein könnten, doch wir waren alle gespannt auf das, was jetzt auf uns zukommen würde!

Nachdem alles geklärt war, öffnete er die Schleusen der universellen Kraft. Das Licht, das dann von ihm ausstrahlte, war so immens mächtig, es war fast unerträglich für uns. Unaufhörlich durchlief es mich heiß und kalt. Einige schüttelte es auf ihren Stühlen hin und her, andere lachten oder weinten laut. Was hier geschah, war unglaublich. Dieses mächtige Lichttor, das er für uns geöffnet hatte, wurde zu meinem Leben. Was für eine Erfahrung! Mein Herz stand lichterloh in Flammen. Nichts hatte mich jemals auch nur annähernd so tief berührt.

Ich zählte damals neunundzwanzig Lenze und war ein starker Gewohnheitsraucher. Viele Male hatte ich versucht, dieses Laster loszuwerden, immer ohne Erfolg. Nun, in diesem Moment unaussprechlicher Tiefe, reichte ein einziger Augenblick und die Sucht war für immer gelöscht. Nie wieder habe ich eine Zigarette geraucht. Ein Satz, den er einmal zu diesem Thema gesagt hatte, ist mir geblieben: »Zuerst rauchst du die Zigarette – und dann raucht sie dich.«

Abschließend sei noch bemerkt, mir ist noch nie jemand begegnet, der nicht von seinem Humor gepackt wurde. Seine Art, die Dinge zu hinterfragen, ist außerordentlich tief. Sein Humor ist einzigartig, wie auch seine ganze Erscheinung. Dennoch ist Mario Mantese keine fleischgewordene Götterstatue. Er geht ins Kino, liest Zeitungen und lebt mit seiner Familie integriert in der Gesellschaft. Wie er immer wieder sagt: »Es geht nicht darum, etwas Besonderes zu sein oder zu werden, außer wieder normal und liebevoll – falls ihr dies vergessen haben solltet. Normalsein ist nicht etwas Langweiliges, sondern etwas außerordentlich Tiefes.«

8. Das Licht des Mahatma

Ma Sowmia – Indien

Im Jahre 1996 kam ich nach Tiruvannamalai, seither lebe und arbeite ich im Athiti-Ashram. Meine ganze Arbeit vollbringe ich zu Ehren von Sri Ramana Maharshi, einem der bedeutendsten indischen Heiligen dieses Jahrhunderts; er starb am 14. April 1950 am heiligen Berg Arunachala in Südindien.

Mario Mantese kam fast jedes Jahr für ein paar Tage zu uns zu Besuch. Er ist ein langjähriger persönlicher Freund von Swami Hamsananda, dem Leiter dieses Ashrams. Mario lebt hier immer sehr zurückgezogen und erst im Frühjahr 1999 lernte ich ihn näher kennen. Sein Lächeln, die tiefe Ruhe und Zufriedenheit, die er ausstrahlt, wirken auf eine sehr besondere Art und Weise tief greifend auf die Menschen ein.

Ich hatte ein sehr turbulentes und schwieriges Leben. Ich sollte eigentlich gar nicht geboren werden. Mein Vater wollte mich nie, und meine Mutter schluckte am Anfang der Schwangerschaft Tabletten, um meine Geburt zu verhindern. All das schwächte mich sehr, ich hatte bis zum fünften Lebensjahr überhaupt keine Kraft, um auf meinen eigenen Beinen zu stehen.

Ich hatte epileptische Anfälle und musste während meiner ganzen Kindheit Medikamente einnehmen. All dies gab mir das Gefühl, dass ich außer Lord Shiva niemandem gehörte. Zum Glück brachten mich meine Eltern regelmäßig nach Kanchipuram zu Seiner Heiligkeit, Sri Chandrasekarendra Saraswati Shankaracharya, dem geistigen Oberhaupt einer großen, alten, traditionellen spirituellen Gemeinschaft. Dieser heilige und weise Mann formte und prägte mit großem Mitgefühl mein Leben.

Nachdem ich Jahre später mein Medizinstudium in Bangalore abgeschlossen hatte, vernahm ich den geistigen Ruf. Ich ließ diese Welt zurück und begab mich nach Tiruvannamalai, um dort ein zurückgezogenes spirituelles Leben zu führen. Ein tiefer Einschnitt in meinem Leben war die Entfernung eines Tumors in meinem Körper, was eine schwierige Operation notwendig machte. Der Eingriff war nicht besonders erfolgreich gewesen, die Geschwulst wuchs schnell wieder nach und verursachte mir große Schmerzen beim Sitzen und Gehen.

An dieser Kreuzung meines Lebens trat Mario Mantese in mein Leben. Ich hatte bisher mit niemandem über dieses Leiden gesprochen, doch er hatte meine innere Pein gesehen. Es ergab sich ganz natürlich, dass ich ihm meine ganze Lebensgeschichte erzählte. Ruhig hörte er mir zu und schilderte mir dann eingehend, wie die psychischen und physischen Leiden in meinem Falle sehr eng miteinander verknüpft seien. Er hatte mein Desinteresse an allem bemerkt und ermutigte mich, dies nun zu ändern. Er ließ mich wissen, dass wenn ich dies wirklich wolle, er gerne bereit sei, mich dabei zu begleiten. Ja, ich war bereit.

Danach bat er mich, zum Ziehbrunnen im Palmengarten zu gehen und ihm eine kleine Schüssel voll Wasser zu bringen. Ich hatte keine Ahnung, was er damit wollte. Ich stellte die Schüssel vor ihn auf einen Tisch und er bedeutete mir, mich hinzusetzen.

Tief schaute er ins Wasser und bewegte dann ein paar Mal seine Hände darüber. Danach forderte er mich auf, ein Glas davon zu trinken. Wie sich sogleich herausstellte, strahlte eine gewaltige unbekannte Kraft in diesem Wasser und entfaltete unmittelbar einen erstaunlichen Heileffekt. Sofort spürte ich eine tiefe Veränderung in meiner Psyche, mein Geist wurde ruhig, und mein Körper begann sich zu entspannen. Ich war vollkommen überrascht von dieser starken Wirkung.

In den folgenden Tagen provozierte er mich mit sonderbaren Fragen, mir schien, als würde er sich von Moment zu Moment in seinem Verhalten mir gegenüber völlig verändern. Unglaubliche Wut, Gefühle von Einsamkeit und auch von großer Liebe schwemmten unkontrollierbar in mir hoch. Diese ganze Zeit saß er nur da und schaute scheinbar teilnahmslos zu – was meine Wut und das Gefühl, nicht geliebt zu sein, noch verstärkten.

Nach einer Woche war das Ganze vorbei und wahre Ruhe kehrte in mich ein. Etwas Tiefes und sehr Altes war aus meinem Wesen gewichen, eine große Veränderung hatte in mir stattgefunden.

Er lächelte und meinte nur, die Reise sei vorbei. Mein Körper begann sich zu erholen. Später zeigte er mir einige einfache Körperübungen für die Stabilisierung meiner Gesundheit. In Bezug auf ein anderes gesundheitliches Problem machte er mir aber klar verständlich, dass ich jetzt Verantwortung für meinen Körper übernehmen und einen Arzt konsultieren solle. Für diesen Teil meiner Krankheitsgeschichte sei er nicht zuständig.

Jahrelang hatte ich mich dagegen gewehrt, einen Arzt aufzusuchen, doch jetzt geschah alles wie von selbst und ganz natürlich. Später erklärte er mir, dass Zeit und Raum keine Hindernisse seien und er mich auch in Zukunft unterstützen werde. Inzwischen weiß ich, dass es tatsächlich so ist!

Er ist ein außerordentlicher Beobachter. Ihm fiel bald auf, dass eine unserer Kühe im Ashram, ein Tier namens Lakshmi, sehr unruhig und aggressiv war. Sie gab auch schon seit längerer Zeit keine Milch mehr. Mit derselben liebevollen Achtsamkeit bereitete er auch für sie in einem Becken Wasser zu, die Kuh trank es und siehe da, sie wurde ruhig und verlor ihre Aggressivität.

Es hat sich hier herumgesprochen, dass er ein ungewöhnlicher Mensch ist. Immer mehr Menschen suchen ihn auf, um seinen Segen zu erhalten. Es kommen ganze Familien mit ihren Kindern, ältere Ehepaare und auch Sadhus. Sie kommen zum Darshan und kranke Menschen wegen Heilung. Alle wissen es: Er ist ein indischer Heiliger, der in einem europäischen Körper lebt! Ich habe mit eigenen Augen gesehen, wie er ein neunjähriges Mädchen, das von allen Ärzten aufgegeben war und kurz davor war, zu sterben, ins Leben zurückgeholt hat. Viele wunderbare Dinge hat er vollbracht – die Menschen hier verehren ihn.

Ein Sadhu, ein junger kräftiger Mann mit wachen Augen, war mit drei Männern zum Darshan gekommen. Sie falteten ihre Hände und setzten sich zu seinen Füßen. Im Gespräch sagte der Sadhu, dass er sich bald in den Himalaja zurückziehen werde, um dort vergessen und unbekannt zu werden.

MM: Was versprichst du dir davon?

F: Ich glaube, dass dies für mich der beste Weg zur Selbstverwirklichung ist.

MM: Stell dir vor, du bist zwanzig Jahre im Himalaja, unbekannt und vergessen, und dann begegnet dir zufällig jemand, der dich von früher kennt. Was geschieht dann mit deinem Bemühen, unbekannt und vergessen zu sein?

Der Sadhu war mehr als erstaunt von dieser unerwarteten Antwort.

F.: Bitte, sprich weiter.

MM: Wie gelangst du von hier in den Himalaja?

F: Den größten Teil des Weges werde ich zu Fuß gehen.

MM (lacht): Verstehe. Also dort oben, wo du hinwillst, im Himalaja, wartet Brahman, das Selbst auf dich.

F.: Ich sehe, worauf du hinauswillst.

MM: Das Selbst ist hier und jetzt. Wie glaubst du, zu diesem Hier und Jetzt zu reisen, und wann denkst du, wirst du dort ankommen? Du kannst nirgends hingehen, du bist dieses Hier und Jetzt. Durch ein Missverständnis glaubst du, zu kommen, zu gehen und irgendwann anzukommen. Doch es gibt keinen Ort, wo du hingehen könntest, du bist hier, jetzt, raumlos und zeitlos. Der Himalaja existiert lediglich als ein mentales Bild in deinem Bewusstsein. Du bist doch nicht diese gegenständliche Scheinexistenz, die ist ja bloß eine Überlagerung, eine Erscheinung im Bewusstsein. Diese Manifestation tritt nur durch das Konzept vom Ich-Gedanken in Erscheinung und mit ihm die Vorstellung eines Körpers, eines Individuums, das glaubt, autonom zu fühlen, zu handeln und willentlich sein Leben zu gestalten. Du bist Brahman und nicht die Spiegelung im Bewusstsein, doch auch diese existiert nicht getrennt von Brahman, alles ist eins, hier und jetzt. Beende deine Reise, du bist angekommen. Es hat nie einen Reisenden gegeben!

Das Licht, das von Mario ausstrahlte, war enorm. Tief berührt saßen die vier Männer da, die Augen des

Sadhus leuchteten wie Sonnen. Dann berührten sie seine Füße und zogen sich dankend zurück. In den folgenden zwei Tagen kam der Sadhu zurück, um sich bei ihm zu bedanken und seinen Segen zu empfangen. Mario sagte mir später, dass dieser Sadhu ein außergewöhnlicher Mann sei, er habe seine Worte unmittelbar, intuitiv wahrgenommen und das Essenzielle realisiert.

Mario Mantese ist ein spirituell hochentwickelter Mensch. Er kann Menschen spirituell leiten und begleiten, auch jene, von denen man kaum glauben könnte, dass sie sich je für einen spirituellen Weg entscheiden würden. Demütig erweise ich Sri Mario Mantese meine Ehrerbietung.

9. Das Namenlose hat einen Namen

Gisela Schröpfer – Deutschland

Auf der Suche war ich immer – als Kind, Konfirmandin, junges Mädchen. Ich wollte immer nach oben, was immer das auch sein mochte. Damit war ich bis zu meinem 49. Lebensjahr vollauf beschäftigt. Ich las das Alte und das Neue Testament und verstand beide nicht. Warum war ich in Sünde geboren, warum starb Christus am Kreuz für mich? Zu meiner eigenen Überraschung fragte ich mein Spiegelbild: Wer bin ich, wo komme ich her, wo gehe ich hin?

»Erinnerungen an die Zukunft«, dieser seltsame Buchtitel machte den Anfang. Gab es ein Leben außerhalb des Planeten Erde? Yoga, Autogenes Training, Meditation, Kreative Intelligenz und Reiki folgten. Thorwald Dethlefsen entrümpelte meinen Kopf. »Schicksal als Chance«, ein Buch und dazu mündliche Unterweisungen ganz anderer Art, endlich ein Ausblick. Die Astrologie war so logisch. Jeder Mensch war mit seiner eigenen ganz persönlichen Last und Chance in dieses Leben getreten.

Es gab nicht nur ein Leben, endlich war Gerechtigkeit in Sicht. Die Kurse bei ihm endeten mit dem Hinweis, es genüge nicht, mit dem Finger auf der Landkarte nach Wien zu reisen, ein jeder müsse wirklich dorthin. Was nun? Theoretisch war alles besprochen. In die Einheit zurück zu Gott, aber wie? Das Ego muss weg, aber wie?

An meinem 49. Geburtstag im Jahre 1987 geschah endlich etwas sehr Konkretes, mein Herz wurde tief berührt. Noch nie hatte ich so etwas erlebt. Wir ließen meinen Geburtstag ausfallen und fuhren zu den Externsteinen in Norddeutschland. Wir hatten gehört, dass dort jemand sein sollte, der das Karma des Menschen verändern könne. So trafen wir zum ersten Mal Mario Mantese. Er war damals so unauffällig in den kleinen Raum getreten, dass wir ihn zunächst für einen Kursteilnehmer hielten.

Auf der Rückreise sagte mein Mann unvermittelt, so eine starke Meditation habe er noch nie erlebt, wir beide hatten eine Lichtberührung im Herzen erlebt. Von diesem Moment an begann sich unser Leben zu verändern. Unmittelbar nach dieser intensiven Meditation, die er »das Betreten der großen Stille« nannte, sagte er: »Ich habe etwas ausgesandt und einige haben es mir zurückgegeben!« Von da an fuhren wir zweimal jährlich nach München zu seinen Zusammenkünften. Wie von ihm gewünscht, aßen wir drei Tage vor dem Seminar kein Fleisch und tranken keinen Alkohol. Wir taten es, auch wenn wir damals noch nicht genau wussten, warum.

Der Wut geht die Luft aus

Nach einigen Jahren, an einem der Treffen, bat er mich und meinen Mann in sein Hotelzimmer. Bevor er unsere Köpfe berührte und uns im Licht vereinigte, fragte er uns, ob wir auch bereit seien, schwierige Zeiten auf uns zu nehmen. Wir waren!

Eine feine Kraft setzte sich wie eine Haube auf meinen Kopf und drang tief in mich ein. Dann kamen seine erlösenden Worte: »Du kannst doch gut damit umgehen!« Was er damit meinte, sollte ich gleich am nächsten Abend erfahren. Ganz beschwingt und glücklich liefen wir durch München.

Wieder zu Hause im Alltag, gestresst vom Büro zurück, aßen wir stehend in der Küche. Ich holte gerade Luft, um eine Bemerkung meines Mannes lautstark zurückzuweisen, doch ich brachte keinen Ton heraus. Es war plötzlich nichts mehr da, keine Empörung mehr in mir, sie war gelöscht. So sah ich, wie wir uns innerlich ganz fein zu verändern begannen.

Er ist bei jedem, der bei ihm ist

Das Zusammensein mit ihm birgt viele Wunder. Brennende Fragen beantwortet er ungefragt während seines Vortrags. Dies geschah mir anfangs ständig, so lange, bis ich keine Fragen mehr hatte. Dafür stellt er uns seine ungewöhnlichen Fragen. Fragen, die wir nicht beantworten können. Er lebt innerlich in einem für uns unbegreifbaren, unbegrenzten Zustand. Er kennt jeden beim Namen, der ein- oder zweimal zu ihm gekommen ist, und das sind inzwischen mehrere hundert Menschen. Er weiß über den Zustand eines jeden Einzelnen Bescheid. Ich erinnere mich an einen Vorfall an einem Vertiefungsseminar in Zürich. Er erklärte, dass man nicht uneingeladen an diesem Seminar teilnehmen könne, das wussten wir alle. Nach dieser Aussage blieb er einige Momente still, so als ob er auf etwas wartete.

Und siehe da, ein paar Minuten später öffnete sich die Türe und drei Personen, die nicht eingeladen waren, betraten den Raum, den sie aber in kürzester Zeit wieder verlassen mussten. Seine liebevolle Kompromisslosigkeit kam einmal mehr zum Vorschein.

Die Welt in einem anderen Licht sehen

Nach vielen Jahren lud er uns an seinen Wohnort in der Schweiz ein. Ich war damals noch sehr befangen, zum ersten Mal in meinem Leben bekam ich starke Kopfschmerzen. Er legte mir kurz seine Hand auf den Kopf und verrückte mein Genick. Dabei bat er mich, auf den See hinauszuschauen, an dem wir uns befanden. Intuitiv spürte ich, wie viel Altes von mir in den See floss und sich dort auflöste. Die Kopfschmerzen waren verschwunden. Beim Abendessen in einem Feinschmeckerrestaurant, das sich originellerweise in einem umgebauten Eisenbahnwagen befand, war ich von der ruhigen und liebevollen Atmosphäre erstaunt. Es dauerte eine Weile, bis ich begriff, dass es seine Anwesenheit war, die diese friedliche Atmosphäre erschaffen hatte.

Am nächsten Tag fuhren wir mit einem Schiff auf eine wunderschöne Insel, ein Naturschutzgebiet, in dem ein altes Kloster steht. Früher hatte dort ein römischer Tempel gestanden, jetzt ist es ein Restaurant. Auf dem Spaziergang dorthin geschah etwas Sonderbares. Plötzlich fühlte ich mich leicht, wie verzaubert. Die Menschen ringsum waren so weit weg, die Gegend ungewöhnlich hell und märchenhaft schön. Die Erklärung folgte bald.

Meine Freundin Marlou, die auch dabei war, fragte unvermittelt: »Du, Mario, was war das da soeben, hast du uns alle woandershin versetzt?« Er lächelte und nickte nur. Für Momente hatte er die Schwingung von uns allen so weit erhoben, dass wir die Welt in einem völlig anderen Licht wahrnehmen konnten. Diese Art von Belehrungen drücken eigentlich am besten aus, was er wirklich ist. Sie öffnen tief verborgene Türen im Menschen und lassen innere Grenzen einstürzen.

Die erlösende Arbeit vertieft sich

Bei unserem ersten Besuch in seiner Wohnung erkannte ich, dass es seine Gegenwart ist, die uns reinigt und auf dem erlösenden Weg, den er verkörpert, weiterbringt. Jedes private Zusammensein mit ihm fängt so schlicht und einfach an. Und dann geschieht so unglaublich viel, ein Satz, eine Erzählung von ihm und eine ganz andere Einsicht stellt sich unmittelbar ein. Marlou fragte mich einmal: »Wie geht er mit dieser gewaltigen Kraft um?« Die Antwort kam spontan aus mir heraus: »Er hat diese Kraft nicht, er ist sie selbst!«

Bei diesem Besuch in der Schweiz konnte ich ihn abends nach dem Essen etwas fragen.

F: Gibt es nicht Möglichkeiten oder Methoden, die uns helfen können, diesen erlösenden Weg zu beschleunigen?

MM: Alle diese vielen Dogmen, Methoden, Übungen und Techniken sind trügerisch und zum Scheitern verurteilt, das weißt du ja aus eigener Erfahrung. Der Übende verfällt der Illusion, er sei ein unabhängiges Individuum, das sich ein Ziel setzen könne und dieses durch willentliche Anstrengung verwirklichen.

Doch der Übende selbst ist ja nur eine illusionäre Erscheinung im Bewusstsein, wie kann aus einer Illusion etwas Wirkliches entstehen? Der Handelnde wie auch seine Handlungen sind beide Nicht-Realität. Diese Irrealität als irreal zu erkennen ist keine Methode oder Technik, sondern unmittelbares intuitives Sehen. Dieses unmittelbare Sehen ist äußerst dynamisch, es ist, wie wenn man in einem dunklen Raum ein Licht anzündet. Die Dunkelheit löst sich unmittelbar auf und niemand weiß, wo sie hingegangen ist. Licht hat eine enorme Auswirkung auf die Dunkelheit, unmittelbares Sehen eine enorme Auswirkung auf Missverständnisse, Unklarheiten und Illusionen.

F: Was verstehst du unter Realität?

MM: Realität ist weder ein Objekt noch ein Subjekt, Realität, Totalität ist das, was du wirklich bist, hier, jetzt! Dieses Üben, dieses Wollen, Hoffen und Tun ist der Weg, wie man sich von dem, was man wirklich ist, mit Lichtgeschwindigkeit entfernt. Das Ich sitzt stundenlang in der Meditation, das meditierende Ego erfährt für eine gewisse Zeit Ruhe und Zufriedenheit, doch weil diese Zustände vom Ego selbst erzeugt werden, verflüchtigen sie sich wieder, sobald die Meditation beendet ist. So viele Wege, Methoden und Dogmen wurden erfunden und haben erfolgreich unzählige Menschen in die Irre geführt. Erkennst du, was ich dir sage? Du kannst dich selbst nicht finden, weil du das, was du finden möchtest, bist. Also, welche Methoden oder Techniken möchtest du jetzt erlernen? (Er lächelte schalkhaft.)

F: Ich bin nicht sicher, dass ich das mit dem intuitiven Sehen ganz verstanden habe, kannst du mir das noch einmal erklären?

MM: Intuitives Sehen bedeutet nicht, etwas Spezifisches zu sehen. Sehen ist deine innerste, unmittelbare, untrennbare Realität. Dieses Sehen ist jenseits des Gesehenen. In diesem Sehen erscheint das Bewusstsein und in ihm das Universum, das Körperhafte. Mit der Identifikation des Bewusstseins mit der erscheinenden Welt entsteht ein Empfinden von einem Ich und gleichzeitig die Vorstellung von einem Du, von einem Mein und einem Dein. Du glaubst, du seiest dieser Körper und die Welt, die du durch die Sinne wahrnimmst, doch das reine Bewusstsein, in dem sich das gesamte Universum spiegelt, kennt keine Individuen, keine Vielfalt, kein Ich und kein Du. Durch die erscheinenden Fleischkleider mit ihren Sinnesinstrumenten erkennt sich das Bewusstsein selbst, es spiegelt sich. Also, was glaubst du, was du wirklich bist? Sag mir, was du jetzt noch alles tun möchtest, um dich selbst zu sein?

Nachdem ich diese Worte gehört hatte, war alles anders. Das, was ich bisher zu sein geglaubt hatte, hatte sich relativiert und aufgelöst.

Das stärkste Erleben sind die Einweihungen, wie ich sie nennen möchte, die in den Inneren Kreisen dieser spirituellen Arbeit vollzogen werden. Sie sind eine außerordentlich mächtige Vertiefung dieser erlösenden Arbeit, und ich empfinde es als eine große Gnade, dort dabei sein zu dürfen. Ich habe noch nie einen Menschen mit solcher Kraft sprechen hören, wie er es dort tut. Das, was er ausspricht, muss geschehen. Seine Stimme ist verändernde Kraft. Sie scheint in diesen Momenten das gesamte Weltall zu bewegen und zu transformieren. Einmal sagte er: »Ihr werdet jetzt einen Stich im Bereich der Leber spüren.« Noch bevor er es ganz ausgesprochen hatte, fühlten wir alle diesen Stich. Der tiefe Sinn solcher Begebenheiten wird nicht in der Öffentlichkeit besprochen.

Bei einem Abendessen in der Schweiz, als wir ihn noch einmal besuchen durften, saßen wir in einer wunderschönen Umgebung, eingebettet in die universelle Lichtkraft, die von ihm ausgeht. Hier war meine Suche dann endgültig am Ziel angelangt.

Seitdem suche ich nicht mehr. Ich weiß, dass ich auf das für mich richtige Geleise gesetzt worden bin, ich bin da, wo ich immer hinwollte. Es ist jemand da, der mich zärtlich an der Hand nimmt und mir hilft, mich zu entwickeln. Ich weiß, dass es Geduld, Aufmerksamkeit, Einfachheit und der Liebe bedarf – Dinge, die bei ihm im Überfluss vorhanden sind.

Dreizehn Jahre sind vergangen, die schönsten und hoffnungsvollsten meines Lebens. Aus der ersten Berührung des Herzens, die ich als punkthaft empfand, ist ein weites offenes Tor geworden, durch das ich jetzt gehen kann, das Tor des Lichtes und der Liebe.

10. Perle der Liebe

Heidi Ruge – Deutschland

In München fand die Vortragsreihe eines bekannten Psychotherapeuten statt, eine deutsche Psychologin hatte Mario Mantese als Zuhörer eingeladen. Ich saß damals auch als Zuhörerin im Saal. In der Pause fiel mir ein eindrucksvoller Mann auf, er machte einen besonders heiteren und zufriedenen Eindruck auf mich. Plötzlich kam er auf mich zu – ich erschrak, als ich sah, dass sein Körper behindert war. Ich hatte vorher überhaupt nicht den Eindruck gehabt, dass ihm etwas fehlte.

Eigenartig, wir begrüßten uns wie alte Freunde, und ich hatte unmittelbar das Empfinden, ihn schon immer gekannt zu haben. Ich war tief bewegt und fragte ihn, was denn mit seinem Körper geschehen sei? Er lächelte unbekümmert und sagte, er sei in einen Unfall verwickelt gewesen, das Universum habe ihn erstochen. Ich war ziemlich verdattert, ich glaubte nicht richtig zu hören. Er meinte, ich solle doch sein Buch »Vision des Todes« lesen, da stünde alles drin. Der Vortrag ging weiter und wir saßen für die letzte halbe Stunde nebeneinander. Ich war innerlich so aufgewühlt, dass ich vom Inhalt des Vortrags überhaupt nichts mehr mitbekam, und das war auch gut so. Unerklärliche Ströme von Licht flossen durch mich hindurch, ich konnte keinen einzigen klaren Gedanken mehr fassen! Erst viel später begriff ich, dass sich alle geistigen Zentren, Chakren, in seiner Anwesenheit unmittelbar geöffnet hatten. Es war, als ob sich innere Blumenknospen unmittelbar in der Sonne geöffnet hätten, Knospen, die schon so lange darauf gewartet hatten, sich zu öffnen und zu blühen.

Nein, einen solchen Menschen hatte ich noch nie kennengelernt, einen Menschen, der eine derartige Kraft besaß und diese lichtvolle, heilige Energie auch anderen Menschen schenken konnte. Ich war mir sicher, eine so immense Kraft konnte nur von einer befreiten Seele ausstrahlen. Später sandte er mir sein Buch als Geschenk, es vermittelte mir einen tiefen Eindruck, und ich war berührt von der Komplexität des Inhaltes. Eines wusste ich nun sicher: Mein Leben musste gründlich überdacht werden, aber wo sollte ich beginnen?

Mario gab selbst Seminare, wie ich von ihm erfahren hatte, und so kam es, dass ich einige Monate später zu ihm in die Schweiz fuhr. Seine Sprache war damals noch schwer verständlich, doch er machte uns sogleich klar, dass es gar nicht so sehr darauf ankomme, jedes Wort zu verstehen, seine Botschaft würde uns auf alle Fälle erreichen, nur nicht so, wie wir uns das vorstellten.

Anschließend führten wir mehrere Gespräche. Ich hatte ihn gebeten, doch auch in Deutschland diese Zusammenkünfte zu halten. Als er meinen Wunsch eingehend geprüft hatte, sagte er zu. Seine Zuhörer in Deutschland waren zu Beginn eine kleine Gruppe, doch das hat sich inzwischen geändert. Von Jahr zu Jahr kommen mehr und mehr Menschen. Sie alle entdecken dass sie hier einem außergewöhnlichen Menschen begegnen.

Als ich ihn in der Schweiz besuchte und wir alle Einzelheiten für seine erste Zusammenkunft in Deutschland besprochen hatten, tranken wir japanischen Grüntee, den mag er sehr. Bei dieser Gelegenheit stellte ich eine Frage.

F: Als ich damals in München an diesem Vortrag neben dir saß, hatte ich das Empfinden, unmittelbar eine zeitlose Lichtwelt zu betreten. So etwas habe ich bisher noch nie erlebt! Hast du irgendetwas Besonderes getan, um dies in mir zu bewirken? Die Erfahrung war so ungewöhnlich und überwältigend, mein ganzes Leben hat sich danach völlig verändert.

MM: Du hast nur das ent-deckt, was du wirklich bist. Dieses Ent-decken hat mit mir nichts zu tun. Der Lehrer ist leer, frei von Tun und Nicht-Tun, frei von Schatten und Missverständnissen. Wenn ein Schatten der Sonne begegnet, löst dieser sich unmittelbar auf, er war nie mehr als ein Phänomen der Sonne. Als schattenhaftes Ich-Bewusstsein erscheint der Mensch auf der relativen Ebene, doch in Wirklichkeit ist er reines Bewusstsein und in diesem gibt es kein Ich, kein Du und keine anderen.

Das Bild, das du von meiner Person hast, und die Idee, dass ich etwas getan habe, erfolgt auf Grund deiner eigenen subjektiven Wahrnehmung. Es ist deine eigene Vorstellung, deine eigene geistige Schöpfung. Diese subjektive Wahrnehmung hat im Grunde genommen absolut nichts mit dem Objekt an sich zu tun, da es dieses Objekt so in Wirklichkeit gar nicht gibt. Es existiert nur als deine Wahrnehmung! Siehst du, das Subjekt, das wahrnimmt, ist selbst nur eine Erscheinung, wie könnte das wahrgenommene Objekt wirklich sein? Alle Ichs und Dus, die Erde, der Mond, die Sterne und die Sonnen, sie sind nur Vorstellungen innerhalb des Bewusstseins, leere Traumbilder eines Träumers, der selbst nur eine Erscheinung ist.

Ich existiere nur als Erscheinung im Bewusstsein, in dem du mich wahrnimmst. Dies bedeutet, dass das, was du und ich zu sein scheinen, nur phänomenal existiert, zeitgebunden, begrenzt und für die Sinne wahrnehmbar. Die Wirklichkeit jedoch, das, was du wirklich bist, ist zeitlos, formlos, raumlos und nicht wahrnehmbar. Wenn Vorstellungen und Missverständnisse beseitigt sind, offenbart sich die Herrlichkeit Gottes.

Aufmerksam hatte ich seinen starken Worten gelauscht und war nun außerordentlich glücklich über seine Zusage, fortan auch in Deutschland zu sprechen.

Das Abenteuer Normalität

Die Jahre mit ihm gingen nicht spurlos an mir vorbei. Kleine Schritte waren zu Beginn erforderlich, um aus dem alten, festgefahrenen Leben herauszukommen. Wie sehr ich mich verirrt hatte, wurde mir in dieser erlösenden Arbeit mit ihm immer mehr bewusst. Es waren innere Schluchten und Abgründe zu überwinden, doch mehr und mehr verwandelte sich mein Leben zum Guten. Er ermahnte mich immer wieder zur Geduld, und in seiner Liebe und Klarheit entwirrte sich allmählich mein Inneres.

Er lässt mich – uns – nie im Stich, er hilft unermüdlich, wo immer er nur kann. Wir alle sind tief im Herzen mit ihm verbunden. Verbundenheit hat aber absolut nichts mit Abhängigkeit zu tun. Viele Male bat ich ihn um Hilfe bei körperlichen und seelischen Problemen. Ich bekam sie immer und unter allen Umständen, manchmal auf völlig unfassbare und rätselhafte Art und Weise. Endlich wurde mir der Sinn meines Daseins klar. Er sagte einmal, er würde ewig fließen, es gäbe nie ein Ankommen oder ein Ziel, an dem man anlangt. Es hat eine Weile gedauert, bis ich diese tiefe Aussage ganz sehen und realisieren konnte, doch jetzt gilt dasselbe auch für mich. Fließen, wach und liebevoll sein, das ist in seiner Arbeit keine Theorie, sondern die absolute Grundlage von dem, was er wirklich ist. Bescheiden lacht er über sich selbst und über die, die gerne etwas Spezielles auf ihn projizieren möchten. Immer wieder fordert er uns auf zum Abenteuer »Normalität«.

11. Welten jenseits des Verstandes

Benedikt Schlegel – Schweiz

Schneekristalle glitzerten in der Sonne. Auf dem Gipfel des Piz Lagalb in der Schweiz eröffnete sich uns ein herrlicher Ausblick auf die Engadiner Bergwelt. Die vom frisch gefallenen Schnee überzuckerten Gipfel erstrahlten prächtig im blauen Himmel. Nach einer kurzen Pause wagte meine Begleiterin sich als Erste in den tief verschneiten Steilhang und legte in elegantem Telemarkstil eine sanfte Spur in den Pulverschnee. Wir hatten uns am Vorabend beim Abendessen eines gemeinsamen Freundes kennengelernt. Ihre klaren und lebhaften Augen waren mir sofort aufgefallen und ihr bayrischer Dialekt klang lustig in meinen Ohren. Als sie unten am Hang angelangt war, deutete sie mir winkend, dass ich jetzt an der Reihe sei. Ein leichter Schubs und mein Snowboard glitt auf diesem zauberhaften Schneeteppich ihr entgegen – Schmetterlinge schwirrten in meinem Bauch.

Nicht in den wildesten Träumen hätte ich mir damals ausgemalt, dass Amors Pfeil mich durch sie zu meinem spirituellen Meister führen würde. Zu Besuch bei meiner Freundin in München traf ich dort bei Kaffee und Kuchen Maximilian, einen nahen Bekannten von ihr. Ich fühlte mich im Zusammensein mit ihren Freunden sehr wohl. In diesem Ambiente entwickelte sich bald eine lebhafte Diskussion, die im Laufe des Abends unmerklich zu philosophischen Themen überging. Maximilian blühte auf und erzählte mir eindrücklich von seiner Begegnung mit Mario Mantese. Seine detaillierten Schilderungen dieser Person faszinierten mich. Er beantwortete viele meiner Fragen, so auch, warum er vollständig aufgehört hatte, Fleisch zu essen und zu rauchen. Nachdrücklich fügte er hinzu, dass sich vieles in der Arbeit mit Mario Mantese nicht so einfach in Worte fassen ließe, aber ich solle doch im Herbst eines seiner Seminare besuchen, dies würde dann ganz bestimmt Klarheit schaffen. Auf dem Heimweg erzählte mir meine Freundin, dass sie sich soeben ein Buch von Mario gekauft habe. Der Titel »Aufbruch in die Ewigkeit« machte mich neugierig. In ihrer Wohnung angekommen, drückte sie mir das Buch in die Hand, damit ich einige Abschnitte lesen konnte. Bereits nach wenigen Seiten zog mich eine magische Kraft tiefer und tiefer in die Aura des alten Shanghai und in die Mysterien der Loge des Goldenen Drachen. Der Inhalt, diese geheimnisvolle Reise, brachte in mir etwas noch Unentdecktes zum Erklingen. Ich hatte die Gewissheit, etwas sehr Kostbares entdeckt zu haben, und fühlte die Kraft, die aus diesem Roman strahlte.

Die Wirkung blieb nicht aus. Bald darauf hörte ich gemeinsam mit meiner Freundin auf, Fleisch zu essen, zu rauchen und Alkohol zu trinken. Ich hatte die ganze Zeit das starke Empfinden, von einer unsichtbaren Kraft berührt worden zu sein. Das Sonderbare war, es brauchte nicht die übliche starke Willensanstrengung, um von diesen Süchten und krankhaften Gewohnheiten loszukommen, nein, sie fielen ganz natürlich von mir ab. Ich staunte, denn ich dachte wohl oft an Mario, spürte seine Präsenz, war ihm aber noch nicht leibhaftig begegnet.

Im November 1996 ließ mich Maximilian wissen, dass vor dem Herbsttreffen bei ihm zu Hause ein Darshan stattfinden würde, zu dem ich herzlich eingeladen sei. Ich wusste nicht, was ich unter dem Wort »Darshan« verstehen sollte, war aber fest entschlossen, Mario so bald wie möglich kennenzulernen. Wir saßen alle in Stille in einem verwinkelten Raum, ich konnte ihn von meinem Platz aus nicht sehen. So wartete ich gespannt, bis es an mir war, zu ihm nach vorne zu gehen. Da war er, ich kniete vor ihm nieder und schloss die Augen. Sanft berührte er meine Schultern und dann meinen Kopf. Ich fühlte seine warmen und kräftigen Hände. Dann, unerwartet, ein leiser Pfiff, es war der erste Hinweis, der tiefere Sinn dieser Begegnung: »Zeit zum Erwachen!« Ich hatte seine erste Botschaft an mich verstanden.

Langsam öffnete ich die Augen und begegnete seinem Blick. Ich tauchte ein in diese leuchtenden und lachenden Augen, durch die ich in den unendlichen Kosmos schaute. Eine Welle der Freude durchströmte mich. Den Sommer zuvor hatte ich die Bücher von Baird Spalding »Leben und Lehren der Meister im Fernen Osten« gelesen und war von diesen Erzählungen total fasziniert. Jetzt kniete ich da und wusste in diesem Moment, dass vor mir ein solch außergewöhnlicher Mensch saß, wie er in diesen Büchern geschildert ist. Diese Begegnung veränderte mein ganzes Leben – ich hatte die Leuchtspur in meinem Leben gefunden.

Wenn das Licht Druck macht

Eines Tages fragte mich Mario, ob wir uns treffen könnten, er wollte ein Interview, das er in Indien gegeben hatte, publizieren. Aufgrund der hohen Auflage schlug ich vor, diesen Beitrag zu drucken. Er war einverstanden und gab mir die nötigen Unterlagen. Ich ahnte zu diesem Zeitpunkt noch nicht, dass dieser Druckauftrag zugleich eine exakt auf mich zugeschnittene Belehrung war. Die Druckerei hielt sich nicht an den vereinbarten Liefertermin, und er hingegen rief mich unentwegt an und erkundigte sich, wann er endlich die ersten Exemplare erhalten werde. Ich versuchte ihn zu Geduld zu überreden, was sich jedoch sehr schnell als aussichtslos herausstellte. »Er ist also ungeduldig«, dachte ich genervt, merkte jedoch bald, dass dieses Etikett nicht zu ihm passte, und wurde unweigerlich auf mich selbst zurückgeworfen. Ich beruhigte mich mit einer Tasse Tee und stellte beim genaueren Hinschauen fest, dass meine vordergründige Geduld lediglich die Furcht vor einer unangenehmen Konfrontation kaschierte. Ich wollte diese Angelegenheit lieber elegant umschiffen, als sie direkt anzugehen, und dies besonders, weil der Inhaber der Druckerei ein Bekannter von mir war. Doch ich war gewillt, da hindurchzugehen. Ich schob meine hartnäckigen Einflüsterungen beiseite und marschierte in die Druckerei. Laut protestierte ich gegen ihre Nachlässigkeit. Nun bewegten sich die Dinge. Eine Woche später brachte mir mein Bekannter die druckfrischen Exemplare persönlich nach Hause – unsichtbar dazu mitgeliefert eine für mich tiefe Einsicht, die mir in meinem eigenen Berufsleben, in dem ich eine führende Position ausübe, sehr zugutekommt. Erstmals hatte ich einen Vorgeschmack erhalten, was diese von Mario gelebte, absolut unbestechliche und unerschütterliche Lebenshaltung in mir hervorruft. Sie wirkt in jeder Hinsicht in hohem Maße klärend und befreiend.

Zu Gast in Japan

Mehrere Jahre waren vergangen, meine Ferienpläne standen buchstäblich noch in den Sternen, als er mich unerwartet fragte, ob ich Lust hätte, ihn und seine Lebensgefährtin im Herbst nach Japan zu begleiten. Meine Antwort kam schneller, als das Denken dachte, ich sagte sofort begeistert zu. Die Reise führte nach Okayama zu Shodo Harada Roshi, Zen-Meister und Abt des buddhistischen Klosters »Sogenji« im südöstlichen Japan.

Mario ist dort ein gern gesehener Gast und seine Ankunft wird immer freudig erwartet. Dementsprechend war auch diesmal der Empfang ausgesprochen herzlich. Kaum hatten wir unser Gepäck im Gästehaus untergebracht und der Tradition entsprechend die bereitgelegten Kimonos angezogen, wurden wir vom Roshi in einem wunderschönen, mit Tatamis ausgelegten Raum zum Tee empfangen. Die tiefe Freundschaft, die Mario und ihn verbindet, war vom ersten Moment an deutlich fühlbar. Erst später merkte ich, wie sehr diese Begegnung alle im Kloster weilenden Menschen immer wieder tief beeindruckte; nie hatten sie ihren Roshi so sanft und freundschaftlich erlebt wie im Zusammensein mit Mario. Die folgenden Tage verbrachte ich ständig an Marios Seite und wurde immer wieder Zeuge, wie er alle ihm vorgebrachten Anliegen, Fragen, Zweifel und Ängste mit einer liebevollen und alles durchdringenden Klarheit anging, humorvoll Missverständnisse aufdeckte und Irrtümer ans Licht brachte.

Heilendes Wasser

Mario hatte für eine Nonne ein Glas Wasser zubereitet, das ihre Verkrampfungen in der Bauchgegend und in ihrer Psyche entspannen und etwas lösen sollte. Er bat mich, ihm das Glas aus dem Kühlschrank zu holen. Er wolle es nochmals anders beleben, wie er mir erklärte. Zum ersten Mal sah ich ihn mit seinen Händen auf diese Weise Wasser zubereiten. Er rührte mit einem Finger im Glas und meinte, dass Wasser ein hervorragender Energieträger sei. Welche Gnade zu sehen, wie Wunder wahrhaftig geschehen, Ereignisse, wie sie in der Bibel beschrieben sind und heute nur noch symbolisch nachgeahmt werden.

»Das ist echte Segnung und geweihtes Wasser«, blitzte es in mir auf. Mario bemerkte scherzend: »Du bist zwar keine Nonne, aber du darfst trotzdem das Wasser kosten! Schlürfe es langsam, nimm nur einen ganz kleinen Schluck, das genügt. Die feine Energie wird sich langsam in dir entfalten.« – »Ich spüre nichts«, sagte ich. – »Benedikt, die Energie ist außerordentlich fein, schließe die Augen, dann kannst du sie besser erfühlen.« Tatsächlich, ganz sanft begann sich eine leuchtende Kraft in mir auszubreiten, ich fühlte mich von einem hellen, geschmeidigen Energiemantel eingehüllt – es war ein Gefühl, das ich in ähnlicher Weise aus meiner frühesten Kindheit kenne. Die stark heilende Wirkung des Wassers vollbrachte eine erhebliche Linderung bei der Nonne, das war deutlich zu erkennen.

Die Naturgewalten sind ihm Freund

Der Roshi lud uns herzlich ein, jederzeit am Zazen, der Abendmeditation, teilzunehmen. Da Meditieren nicht gerade Marios Sache ist, waren wir eher selten anwesend. Doch an diesem Abend machten wir uns gemeinsam auf den Weg ins Zendo, zur großen Meditationshalle. Diese lag vom Hauptgebäude leicht versetzt in der bezaubernden Gartenanlage des Klosters. Auf dem Weg dorthin waren die Vorboten eines sich nähernden Gewitters schon deutlich erkennbar. Dunkle, mächtige Regenwolken schoben sich über den tiefblau gefärbten Himmel, Blitze zuckten am Horizont. Eine junge Nonne hatte uns schon erwartet und uns die Plätze im Zendo sorgfältig hergerichtet.

Kaum hatten wir Platz genommen, wurden zwei große Hölzer kräftig aneinandergeschlagen, sie kündigten den Beginn der Meditation an. Ich hatte schon früher bemerkt, dass in diesem fünfhundert Jahre alten Kloster eine starke, konzentrierte Energie herrschte, das Ergebnis vieler intensiver Meditationen. Das Bild der völlig aufrecht sitzenden, meditierenden Mönche und Nonnen übte auf mich eine beeindruckende und strenge Wirkung aus. Während ich still dasaß, merkte ich plötzlich, wie die ganze Atmosphäre in diesem doch eher düsteren Raum allmählich heller und leichter wurde. »Das Zendo beginnt zu fliegen«, dachte ich. Dieser Ausdruck wurde auch von den Mönchen und Nonnen benutzt, sie genossen es, wenn Mario im Zendo saß und diese gewaltige Lichtkraft aussandte. Entzückt sog ich diese grandiose Stille und die lichte Energie in mich auf.

Plötzlich klatschten schwere Tropfen lautstark auf das Holzdach und rüttelten mich aus meiner Versunkenheit, starker Regen prasselte nieder. Die Gewitterfront hatte uns erreicht, und ich stellte mich auf einen nassen Kimono und eine glitschige Rückkehr durch die dunkle Nacht ins Gästehaus ein. Dann geschah etwas sehr Merkwürdiges: Die Intensität des Regens wurde nicht wie erwartet stärker, im Gegenteil, es war, als ob auf einmal eine unsichtbare Kraft das Gewitter kontrollierte und daran hinderte, vollständig loszubrechen. Man konnte diese Kraft förmlich spüren. Sehr bald hörte ich nur noch vereinzelt das Klatschen einiger Tropfen, bis auch dieses Geräusch vollends verstummte und wieder vollständige Ruhe einkehrte. Wir hatten uns geeinigt, nach einer Stunde frühzeitig die Meditationshalle zu verlassen. »Eine Stunde reicht«, meinte Mario. Die junge Nonne begleitete uns nach draußen vor das Zendo und flüsterte uns zu, wir hätten großes Glück, dass es so plötzlich aufgehört habe zu regnen. Mario lächelte und flüsterte zurück: »Weißt du, ich kann auf diesen glitschigen Steinen in der Dunkelheit nicht gut gehen und die Natur ist mein Freund – ich habe den Regen vorübergehend gestoppt.«

Susanne, Marios Lebensgefährtin, war nicht mitgekommen, sie erwartete uns im Gästehaus mit heißem Tee. Gleich bei unserer Ankunft sagte sie zu mir: »Glück gehabt, nochmals trocken zurückgekehrt, nicht?« Ich wollte gleich mit einer Erklärung herausplatzen, als sie schmunzelnd anfügte: »Da war Mario am Werk, das spüre ich sofort. Die Energie, die das durch ihn bewirkt, kenne ich gut. Aber etwas weißt du noch nicht, dass es nämlich nachher, wenn er den Regen angehalten hat, meistens wie aus Kübeln gießt!« Mario lachte laut, aber sein Lachen war mehr als das, es war vielmehr ein Zeichen: Sogleich öffnete der Himmel seine Schleusen und der Regen prasselte freudig auf die durstige Pflanzenwelt. Mein Staunen war grenzenlos.

Zurück in der Schweiz, als ich gegenüber Susanne noch einmal das erstaunliche Ereignis mit dem angehaltenen Regen erwähnte, sagte sie mir, dass sie im Laufe der Jahre viele unfassbare Dinge mit ihm erlebt habe, die man nicht alle erzählen solle und könne, doch sie teile mir gerne einige Begebenheiten mit.

»Einmal, als der ganze Himmel mit dicken schweren Wolken völlig bedeckt war, zerschnitt er mit einer einzigen Handbewegung die Wolkendecke und schob die eine Hälfte gegen den Wind in den Norden und die andere in den Süden, bald danach befanden wir uns im strahlenden Sonnenschein. Doch das tat er nicht einfach so, denn gleichzeitig hatte in mir eine tief greifende Veränderung stattgefunden. Er sagte mir damals, dass nun der Moment gekommen sei, wo das fiktive innere Zentrum, das die Vorstellung von einem Innen und einem Außen erschaffe, sich nun endgültig auflösen müsse.«

Unzählige Menschen habe er von schweren Krankheiten und Gebrechen geheilt, doch darüber spräche er nie, erzählte sie weiter. Er sage immer wieder ganz klar, dass dies nicht seine eigentliche Arbeit sei. Es sei ihm möglich, innerhalb kürzester Zeit die Temperatur in einem Raum zu erhöhen oder zu senken. Im Winter seien oftmals ihre Füße eiskalt und ihr Körper klamm vor Kälte. Dann sage er im Scherz: »Moment, ich schalte gleich die innere Heizung ein!«, und sogleich sei ihr Körper glühend warm. Es sei erstaunlich, wie schnell dies geschehe. Dabei sei er völlig entspannt, es bedürfe keiner besonderen Konzentration, keiner Handbewegung, seine kraftvoll ausgesprochenen Worte würden solche Dinge ganz natürlich bewirken. Solche Ereignisse kämen selten vor, denn er spiele nie mit seinen Möglichkeiten. Tatsache sei, er vergesse völlig, dass er diese enormen Fähigkeiten habe, sie seien für ihn absolut nichts Besonderes, sondern wie Ein- und Ausatmen, etwas sehr Natürliches, sie seien eben genau das, was er sei. Was immer er in diese Richtung tue, es geschehe immer ohne jegliche Anstrengung, mit einer humorvollen Leichtigkeit, und all diese Ereignisse seien immer mit einer tiefen Belehrung für jemanden verknüpft. Die vielseitige Hilfe, die er den Menschen schenke, sei unergründlich tief, doch seine eigentliche Tätigkeit in dieser Welt könne man in ihrer umfassenden Größe nur erahnen. Niemand wisse, wer er wirklich sei.

In der zweiten Woche unserer Japanreise besuchten wir die Kaiserstadt Kyoto. Viele Freunde des Klosters erwarteten dort unsere Ankunft, Marios Ruf war uns vorausgeeilt. Die Gastgeber wollten uns in die Geheimnisse dieser historischen Stadt einweihen. Tom, ein asketisch aussehender amerikanischer Mönch, lebt schon seit über dreißig Jahren in Japan und übersetzt im Buddhistischen Institut an der Universität in Kyoto Zen-Texte. Er hatte schon viel von Mario gehört und wollte ihn unbedingt kennenlernen. Seinen Vorschlag, den bekannten »Philosophenweg« entlangzuspazieren, nahmen wir gerne an. Unterwegs stellte er Mario mehrere spezifische philosophische und wissenschaftliche Fragen, die ihn beschäftigten. Sehr bald wurden die angesprochenen Themen in einer außerordentlichen Tiefe ausgeleuchtet. Marios Worte waren wie immer mit enormer Kraft geladen, mit dieser Kraft, die alles Schattenhafte unwiderruflich auslöscht. Heute war mir das entschieden zu viel. Nach einigen Tagen in seiner Gegenwart war ich von dieser gewaltigen von ihm ausstrahlenden Kraft überfordert.

Langsam ließ ich mich ein bisschen zurückfallen, um mich seinem mächtigen Energiefeld zu entziehen. Der Anblick der lieblichen, gepflegten Gärten und Alleen übte eine wohltuende Wirkung auf mich aus, und ich beruhigte mich glücklicherweise rasch. Nie hätte ich geglaubt, dass Worte eine solch gigantische Kraft haben können.

Im Laufe des Nachmittags begann es leicht zu regnen. Wir suchten in einem kleinen, kuriosen Restaurant Zuflucht, das – wie wir herausfanden – von einem Schauspieler geführt wurde. Wir waren die einzigen Gäste und bald zeigte er uns Fotos aus seiner Filmkarriere, die ihn als Samurai-Krieger darstellten. Tom fragte uns, ob wir gerne ein Erinnerungsfoto von diesem Ort hätten. Wir nahmen dankend an und stellten uns dementsprechend hin. Scherzend sagte ich zu Mario, dass er doch bitte seine Präsenz auf dem Foto sicherstellen solle. Tom schaute mich verwundert an, er konnte meine Anspielung nicht verstehen. Vor einigen Jahren machte jemand ein Foto von Mario, und dies, obwohl er die Person mehrmals ausdrücklich darauf hingewiesen hatte, dass er das nicht möchte. Das Erstaunen war riesengroß, als sich später herausstellte, dass auf dem Foto kein Mario Mantese zu sehen war. Sein Kommentar: »Was nicht sein soll, wird nie sein.« Viele Menschen haben Ungewöhnliches mit ihm erlebt, wie auch nachfolgendes Ereignis belegt.

»Saluti dal Ticino« stand auf der Postkarte, die mich von Susanne und Mario mit Feriengrüßen vom Lago di Maggiore erreichte. Susanne schrieb: »Nach einem sommerlich sonnigen Ausflug auf die Isola di Brissago regnete es am Pier von Ascona in Strömen. So wurde ich einmal mehr Zeuge, wie Meister Mario den Regen zurück ins Universum sandte.« Die Details erfuhr ich später von ihr: »Es regnete in Strömen, blitzte und donnerte, als wir an der Uferpromenade auf das Kursschiff nach Locarno warteten. Der Regen bildete einen dichten Vorhang und ließ uns das herannahende Schiff nur als Silhouette erkennen. Er hatte alle Reisedokumente in seinem leichten Gilet, keinen Schirm zur Verfügung und einen rutschigen Steg vor sich. ›Ich muss etwas unternehmen‹, sagte er und hob kurz, ruckartig seine rechte Hand nach oben. Gleichzeitig, sofort mit dieser kleinen Handbewegung, hörte der starke Regen ganz auf, der Donner verstummte, die Blitze erloschen, die riesigen Wolkentürme reisten unmittelbar zurück ins Universum. Kurz danach sandte die Sonne wie ein Lächeln ihre Strahlen zur Erde.« Diese Unbegrenztheit ist wahrlich der Glanz des Erwachten.

Worte von titanischer Kraft

Im Restaurant »Rotonde«, wo wir mit unseren vegetarischen Sonderwünschen immer für ein wenig Wirbel sorgten, traf ich Mario zum Mittagessen. Nach geglückter Bestellung drehte sich unsere Diskussion um die Vorzüge des Internets und die dort zu findenden Diskussionsbeiträge zum Wissensstand der Physik. Mario erklärte mir mit seiner Intensität, bei der Analyse von subatomaren Teilchen sei man zu erstaunlichen Erkenntnissen gekommen. Bei der Untersuchung des Lichts komme es auf den Standpunkt an, den man beim Betrachten einnehme. Man sehe ein und dasselbe Ding entweder als

Partikel oder als Welle. Doch je tiefer man dort eindringe, je mehr löse sich die analytisch gewonnene Information in nichts auf, in scheinbare Leere. Niemand wisse, was Licht wirklich sei, dass man es als Welle oder Partikel benenne, sei bloß eine subjektive Überlagerung, eine Formel, um etwas zu erklären, das in Wirklichkeit unerklärbar sei.

Man könne Moleküle analysieren, aber man habe keine Ahnung, welche Intelligenz sie leitet. In der Quantenphysik, wo man in immer kleinere Teilchen eindringe, in die Bausteine des Lebens, wie man sie nennt, suche man eigentlich sich selbst. Man suche nach dem, was man wirklich ist, und hoffe letztendlich, Unbenennbares zu benennen und Unerklärbares zu erklären. Man analysiere sich selbst, doch das Selbst lasse sich nicht analysieren, da es weder Objekt noch Subjekt sei.

Dasselbe gelte auch für die Astrophysik, die den Weltraum und den Ursprung des Universums erforsche. Auch dort löse sich alles in dieser scheinbaren Leere auf. Man suche nach dem »Big Bang«, dieser Riesenexplosion, aus der alles entstanden sei. Doch was war die Ursache für diese Explosion und was war vorher?

Dann sagte er weiter: »Wenn wir jetzt deinen Körper, der sich aus Molekülen zusammensetzt, gleichermaßen konsequent analysieren, kommen wir schlussendlich zum gleichen Ergebnis. Dein Körper ist sicher nicht etwas Dichtes; bei genauerem Hinsehen löst auch er sich in dieser scheinbaren Leere auf. Er ist nur eine Überlagerung, ein konzeptionelles Konstrukt, dich gibt es eigentlich so gar nicht!«

Er hatte nicht zu mir, sondern in mir gesprochen. Seine Worte kamen von dort, aus dieser scheinbaren Leere – für mich völlig unerwartet und mit einer gewaltigen, unvorstellbaren Macht. Alles, was ich war, oder zumindest gedacht hatte, zu sein, hatte sich vollkommen in dieser scheinbaren Leere aufgelöst, ich hörte auf zu existieren. Denken wurde unmöglich, seine Worte durchschlugen mein Wesen. Alles stand augenblicklich still, totale Ruhe, jenseits von Raum und Zeit – eine Erfahrung ohne einen Erfahrenden.

Ich hatte wohl von kraftvollen Belehrungen und unfassbaren Erfahrungen in Büchern gelesen und dachte bis dahin an ausdrucksstarke und einprägsame Worte. Ich konnte bis zu diesem Tag nicht verstehen, wieso man gewisse Dinge nicht beschreiben kann. Mit dieser Erfahrung bin ich nun selbst in der Situation, das Unbeschreibliche nicht beschreiben zu können, das Unfassbare nicht fassbar machen zu können, das Erfahrene nicht aufzeigen zu können. Ein Hauch des Ungeformten und Namenlosen wehte vorüber. Im wahrsten Sinne des Wortes hatte im »Rotonde« mein Verstand sich leer im Kreis gedreht.

Irgendwann verließen wir das Restaurant und ich begleitete ihn noch ein Stück weit. Noch tief berührt von diesem Erlebnis verabschiedete ich mich ein bisschen unbeholfen: »Falls die Internet-Software nicht richtig funktioniert, kannst du mich gerne anrufen.« Er lachte und antwortete: »Falls deine Software im Gehirn auch nicht mehr richtig funktionieren sollte, ruf mich auch an!« Das ist Mario: humorvoll mit großer Klarheit, liebevoll mit gigantischer Wirkung, unspektakulär mit unendlicher Tiefe.

Wochen später trafen wir uns wieder im »Rotonde«. Er war schon da und las Zeitung. Kaum hatte ich mich gesetzt, sagte er strahlend: »Gut, dass du schon da bist, ich habe ein neues Projekt in Aussicht!« – »Mein Gott«, schoss es mir durch den Kopf, »was kommt nun?« Ich überließ das Denken dem Denken und hörte zu. »Ich möchte ein Buch herausgeben – ein Buch, in dem ihr alle meine Freunde über das Zusammensein mit mir zu Wort kommen sollt. Es soll unsere spirituelle Arbeit für viele Menschen zugänglich machen und auch aufzeigen, dass der wahre Mensch in Wirklichkeit grenzenlos und unbegrenzt ist.« Kaum hatte er diese Worte ausgesprochen, spulte in meinem Innern ein gigantischer Film ab: der erste Darshan, die intensiven Seminare, das Zen-Kloster Sogenji, das gestoppte Gewitter, die Erfahrung im »Rotonde«. Die Stimme von Mario klang wie aus weiter Ferne: »Hast du Lust, unsere Begegnung zu Papier zu bringen?«

12. Im Ozean des Lichts

Carla Brunetto – Italien

Es war an einem kalten Spätherbsttag, in einem kleinen abgelegenen Dorf in den Jurabergen in der Schweiz. Ich erinnere mich noch, wie ich mein Auto auf einem brachliegenden Feld parkte und über eine Treppe ins Haus gelangte. Der kleine Raum, den ich betrat, kam mir vor wie ein Schulzimmer, und tatsächlich begann genau hier, wie sich bald herausstellte, meine wahre Lebensschule.

Am anderen Ende des Raumes fiel mir sogleich ein junger Mann auf, er saß auf einem Heizkörper und unterhielt sich mit jemandem. War er dieser spirituelle Meister, von dem ich schon so viel gehört hatte. Er war noch so jung, ich war überrascht, doch er war es tatsächlich! Eine Bekannte hatte mir erzählt, dass er alle Menschen in seiner Arbeit willkommen heiße, doch die, die nur aus reiner Neugier zu ihm kämen, nicht besonders schätze. Die Begegnungen mit ihm seien tiefe spirituelle Momente, die mit Neugier und falschen Erwartungen absolut nichts zu tun hätten.

Das Seminar begann, er sprach an dieser Zusammenkunft französisch. Eine junge Frau stellte ihm eine Frage, die sie seit langem beschäftigte. Sie hatte sich viele Gedanken über das Leben nach dem Tod gemacht.

F: Was geschieht, wenn wir sterben und unseren Körper verlassen?

MM: Das ist ein Missverständnis, du warst nie der Körper, wie kannst du dich von etwas trennen, das du nie warst. Die Vorstellung von Trennung findet einzig in deinem Gehirn statt. Du hast Angst vor dem Tod, aber was warst du, bevor du geboren wurdest? Warst du dort tot oder lebendig? Sterben ist eine direkte intuitive Wahrnehmung. Man realisiert, dass Leben an sich nie etwas mit dem Körper zu tun hatte. Sei dir im Klaren, ein Individuum, das geboren wurde und später stirbt, hat es in der Wirklichkeit nie gegeben. In der Totalität, in Gott, der alles in allem ist, ist nie etwas gekommen oder gegangen, alles ist hier und jetzt. Du bist hier und jetzt. Deine Ängste und Vorstellungen vom Tod sind lediglich Bewegungen, Erscheinungen in deinem Gehirn, doch du bist nicht das Gehirn. Mach dir keine unnötigen Sorgen, alles ist gut, so wie es ist. Deine Angst ist nicht mehr als ein Traum, erwache. Das Ich ist der Schöpfer von Subjekt und Objekt, es ist die Ursache von all diesen irrigen dualistischen Vorstellungen, doch dieses Ich ist bloß wie eine Fata Morgana in der Wüste, eine Spiegelung. Kann die Welt existieren ohne jemanden, der sie wahrnimmt? Das Leben und der Tod bestehen bloß aus Gedanken. Du selbst bist unveränderlich, nur die Umstände, die du wahrnimmst, verändern sich. Sei erfüllt vom schattenlosen Licht, das du selbst bist, du bist todlos!

Die Person saß verblüfft und sprachlos da, die Spannung in ihrem Gesicht war gewichen, etwas Tiefes hatte sich in ihr gelöst. Diese ungewöhnlichen, starken Aussagen hatten sie total überrascht.

Dann kam die Mittagspause. Wir gingen in einen Nebenraum zum Essen, wir hatten unsere Verpflegung selbst mitgebracht. Er kam auch und fragte alle nach ihren Namen. »Wie heißt du?«, fragte er mich und in dem Moment wusste ich, ihn habe ich immer gekannt.

Er sprach eine Weile mit uns, dann zog er sich in den Raum zurück, wo er seinen Vortrag hielt. Bald folgte ich ihm und betrat leise den Raum, ich wollte ihn etwas Persönliches fragen.

Er stand am Fenster und schaute hinaus in die hügelige Herbstlandschaft. Eine große Stille umgab ihn. Ich wagte es fast nicht, ihn zu stören, doch er hatte mein Kommen bemerkt und drehte sich um. Diesen Moment werde ich nie vergessen. Still und wortlos schaute er mich an. Ich schaute in seine Augen und sogleich stieg in mir der Gedanke hoch: »Diese Augen sind nicht von dieser Welt, sie sind himmlischer Natur, ich schaue direkt ins Paradies.« Ich fühlte mich erhoben und von Liebe durchflutet. Ich fragte ihn, ob es möglich sei, bei ihm private Sitzungen zu haben. Seit längerer Zeit befand ich mich in einer kritischen Lebenssituation und besuchte deswegen eine Psychotherapie, die ich gerne beendet hätte. Ich spürte, dass es dort nicht mehr weiterging. Er lächelte nur und ging auf meine Frage gar nicht ein. Er erklärte nur kurz, dass er das gleich für alle erklären würde. Und tatsächlich, seine Antwort ließ nicht auf sich warten.

Ich hoffte, dass niemand bemerkte, dass er diese Antwort direkt an mich gerichtet hatte. Er erklärte mit großer Kraft, dass er nicht hier sei, um zu spielen, er kenne keine einzelnen Menschen, seine Seminare seien für alle, und er sei für alle da. Es waren sehr starke Worte, sie schlossen jegliche private Unterredung mit ihm aus, und daran hat sich bis zum heutigen Tag nichts geändert. Am Ende des Nachmittags in der Pause dachte ich: »Nein, ich glaube nicht, dass diese Arbeit das Richtige für mich ist«, und stand schon an der Tür, um zu gehen. Plötzlich hörte ich seine Stimme im Innern meines Ohrs.

Er sagte: »Wie lange willst du noch wegrennen, kehre an deinen Platz zurück!« Er stand am anderen Ende des Saales zusammen mit zwei Personen und hatte keinen Moment seinen Mund geöffnet. Ich war zutiefst erstaunt und aufgewühlt, als ich meinen Platz wieder eingenommen hatte, doch ich hatte verstanden.

Es war keine glückliche Zeit damals, ich suchte überall nach Hilfe. Manchmal sah ich ihn in der Stadt durch die Straßen gehen. Ich folgte ihm, um ihn anzusprechen, doch jedes Mal verschwand er, ich wusste nicht wie und wohin. Irgendwie wurde mir allmählich bewusst, dass es für mich an der Zeit war, mir endlich selbst zu helfen. Ihn sah man nur an den großen Zusammenkünften und beim nächsten Mal war ich wieder dabei.

Wir saßen damals in einem Halbkreis und er schaute ruhig einer Person nach der anderen in die Augen, nur mich übersprang er, er schien mich zu ignorieren. Ich litt fürchterlich darunter und fragte mich wieso? Langsam, sehr langsam begann ich ihn in einem neuen Licht zu sehen. Ich begann zu verstehen, dass seine große Liebe immer überpersönlich war. Fortlaufend drängte er mich in die Eigenverantwortung.

Klärung im Traum

Eines Nachts hatte ich einen seltsamen Traum. Ich spazierte langsam durch einen Garten und suchte irgendetwas. Ich fand dieses Etwas hinter einem kleinen Hügel. Ich bückte mich, nahm es in beide Hände und wusste, dieses kleine Etwas bin ich selbst. Lange schaute ich es an und sagte dann zu ihm: »Ich habe dich schlecht behandelt und dich geschlagen.« Danach ruhte ich mich eine Weile aus und ging weiter durch den Garten.

Hinter einem anderen kleinen Hügel fand ich etwas Neues, das auch ich war. Wieder bückte ich mich, nahm es in beide Hände und sagte zu ihm: »Jetzt lege ich dich ins Licht!« Dieser Wachtraum hatte mich sehr berührt, später malte ich ein Bild davon. Scheu und mit großer Ehrfurcht rief ich ihn an, um ihm diesen für mich so wichtigen Traum zu erzählen. Ich war gerade bei der zweiten Hälfte angelangt, als etwas sehr Ungewöhnliches geschah. Klar spürte ich, dass er nicht mehr auf der anderen Seite am Telefon war, sondern plötzlich ganz nahe bei mir; er war in mir, und ich verstand, dass er das neue Licht war, das ich in meinem Traum erlebt hatte. Es war eine ungeheuer schöne und starke Erfahrung und noch schöner war es, dass ich dieses übernatürliche Erlebnis als etwas ganz Natürliches empfand. Am Schluss erklärte er mir noch, dass jede Erfahrung, die einen erlösenden Impuls beinhalte, eine gute Erfahrung sei, doch eine gute Erfahrung sollte keine Erinnerung hinterlassen, denn ein guter Wanderer hinterlasse keine Spuren!

Die trügerische Ruhe des Egos

Bevor ich seine Arbeit kennengelernt hatte, war ich in einer Zen-Meditationsgruppe: Man lehrte mich, richtig zu sitzen und zu atmen. So entdeckte ich etwas Lebendiges in mir, etwas, das mit meinem früheren Lebenswandel nichts zu tun hatte.

Ich schloss in der Meditation meine Augen und schaute in mich hinein und wurde ruhiger. Mario hatte ich nie davon erzählt, denn er wies uns in seiner liebevollen Kompromisslosigkeit immer wieder darauf hin, dass er nicht gegen oder für die Meditation an sich sei, doch anstelle des stundenlangen Herumsitzens fände er es vernünftiger, wenn wir diese Zeit und Energie ganz in unsere Familien und unseren Alltag einfließen lassen würden, denn genau dort sei Spiritualität. Dort werde das konzeptuelle Leben erschaffen, das wir als Gefangenschaft empfinden, und dort geschehe das, was wir als Erlösung von diesem konzeptuellen Leben realisieren. Anstatt zu meditieren, sollten wir den Meditierenden selbst demaskieren. Wie könne aus dem Meditierenden, der selbst nur eine Erscheinung im Bewusstsein sei, etwas Wirkliches entstehen? Die Ruhe der Meditation sei die Ruhe des Egos und die habe mit der großen Stille absolut nichts zu tun!

Trotzdem machte ich zu diesem Zeitpunkt weiter. Ich liebte die Rituale, den Geruch der Räucherstäbchen und diese spezielle Atmosphäre, wenn die Gruppe zusammensaß und meditierte.

Eines Tages machte ich mich auf den Weg nach Japan – mit nur einer Tasche, der Adresse eines Klosters und dem Namen des Roshis (Abtes). Das Dortsein war für mich ein totales Erlebnis. Ich war in etwas zurückgekehrt, das ich innerlich bereits gut kannte. Die Menschen im Kloster waren sehr freundlich und der Roshi war ein wunderbarer Mann. Mit Chi-San, die schon seit vielen Jahren im Kloster lebte, verband mich eine sehr tiefe Freundschaft. Nach einigen Tagen fragte sie mich, wie lange ich schon Zen praktiziere? Ich antwortete: »Ein paar Jahre.« Dann sagte sie mir offen und spontan: »Ich weiß nicht, was es ist, aber ich sehe in dir noch etwas völlig anderes, etwas Leuchtendes.« Dies war das erste Mal, dass im Kloster Sogenji der Name von Mario Mantese ausgesprochen wurde. Sie fragte mich erstaunt, wer denn dieser Mann sei, und allein durch meine Erklärung spürte sie unmittelbar die Berührung seiner gewaltigen Liebeskraft in ihrem Herzen. Auch dem Roshi erzählte ich später von ihm und fragte ihn spontan, ob er Mario gerne kennenlernen möchte. Er sagte unmittelbar zu, ja, er wolle ihn kennenlernen.

Als ich diesen wunderbaren Ort verließ, hatte ich Tränen in den Augen. Ich wusste, dass ich hierher zurückkehren würde. Noch dreimal besuchte ich Sogenji, das dritte Mal nur noch als Gast, denn die Zen-Meditation war inzwischen in mir verdunstet, weg, gelöscht. Ich hatte die große erlösende Lichtkraft, die von Mario ausgeht, getrunken, sie war mein Leben und mein Weg geworden.

Mario und der Roshi

Zurück in der Schweiz fragte ich Mario, ob er den Roshi kennenlernen wolle. Bei ihm weiß man nie genau, wie er reagieren wird. Ich wusste, dass sein Interesse, Menschen persönlich zu treffen, sehr gering war, meistens sagte er Nein. Ich zeigte ihm ein Photo vom Roshi und, ohne zu zögern, sagte er Ja. Inzwischen wusste er natürlich längst, dass ich Zen-Meditation praktizierte, vielleicht hatte er es die ganze Zeit gewusst, doch er hatte sich nie dazu geäußert.

Nach großen organisatorischen Anstrengungen war es dann endlich so weit. Ich wusste, dass der Roshi für das Treffen mit Mario nur eine halbe Stunde Zeit zur Verfügung hatte. Ich wollte, dass der Rahmen, in dem sich die beiden trafen, stimmte.

Den ganzen Morgen verbrachte ich damit, meine Praxis in ein wunderbares kleines Teehaus zu verwandeln, und dann war es so weit. Roshi und die sechs Personen, die ihn begleiteten, waren bereits da, als Mario ein paar Minuten später eintraf. Ich war äußerst gespannt, was jetzt geschehen würde. Mario betrat den Raum und die ersten Worte, die Roshi in japanischer Sprache zu Mario sagte, waren: »Ich sehe das Licht in dir!« (Roshis Worte wurden unmittelbar ins Englische übersetzt). Mario antwortete: »Aber die Sonne ist schon im Raum!« Unvergessliche Worte, unvergessliche Momente. Sie setzten sich und unterhielten sich in ihrer humorvollen, tiefen Art und lachten Tränen. Es war der Beginn einer außerordentlich tiefen Freundschaft. Seit diesem Tag sind sie miteinander immer in Kontakt und manchmal, wenn es sich ergibt, treffen sie sich. Dieser Austausch ist für beide jeweils sehr fruchtbar. Ich bin glücklich, dass ich diese zwei großen Lehrer miteinander bekannt machen durfte.

Ein besonderer Patient

Eines Tages geschah etwas, das uns damals alle sehr erschreckt hat. Yolande, die seit vielen Jahren seine französischen Kurse organisierte und ebenfalls wie ich von Beruf Masseurin ist, rief mich an. Sie berichtete mir, dass Mario gestürzt sei und sich am Rücken schwer verletzt habe. Da sie ziemlich weit weg wohnte, bat sie mich, doch zu ihm zu gehen, um seine Füße zu massieren.

Sein Gleichgewicht war damals noch empfindlich gestört. Stürze waren für ihn nichts Besonderes, er stand immer wieder auf und sagte nur: »Weiter!« Doch diesmal schien es schlimmer zu sein. Ich rief bei ihm zu Hause an und erkundigte mich, ob er einverstanden sei, dass ich käme. Er war es. Ich musste mich überwinden zu läuten, meine Scheu und mein Respekt ihm gegenüber waren sehr groß. Doch dann betrat ich den kleinen, hellen Raum, in dem er auf dem Bett lag. Mehrere Menschen standen bei ihm und kümmerten sich rührend um sein Wohlbefinden. Die ganze Wand hinter seinem Bett war mit Goldenen Schallplatten behängt, Zeugnissen seiner früheren, großen Musikkarriere.

Ich staunte, als ich sah, wie sehr sein Körper unter den großen Schmerzen litt, und trotzdem waren seine Ausgeglichenheit und seine liebevolle und gütige Ausstrahlung wie immer vollkommen da. Ich wollte ihn trösten, doch er tröstete mich. Es war mitten in der Weihnachtszeit, ich betete zu Gott und bat ihn, ihm zu helfen und seinen Heilungsprozess zu unterstützen. Ich ging noch einige Male hin, doch plötzlich war er weg. Er war in Indien und niemand wusste, wo und wie lange er bleiben würde.

Irgendwann tauchte er wieder auf, strahlend wie die Sonne, von der schweren Verletzung war nichts mehr zu sehen. Er rief mich an und sagte mir, dass ihm meine Fußreflexzonenmassage sehr gut getan habe, und von da an kam er regelmäßig in meine Praxis. Wie auf einen Schlag waren meine Ängste und Unsicherheiten verschwunden. Mit ihm begann nun die für mich schönste und tiefste Schule der Fußreflexzonenmassage – und das nach fast zwanzigjähriger Erfahrung auf diesem Gebiet. Es war eine Schule, wie ich sie mir nicht in den kühnsten Träumen hätte vorstellen können. Er führte mit seinen Worten meine Hände und vermittelte mir ein neues Verständnis, wie und wo welcher Druck richtig war. Er half mir, mit seiner außerordentlichen Sensitivität neue, unbekannte Punkte und Zonen an den Füßen zu entdecken, und erklärte mir ausführlich den Rhythmus und die Bewegungsabläufe des Körperbewusstseins.

Es waren intensive Momente, da sich Füße und Hände in der Einheit verflochten, außerhalb von Zeit und Raum. Viele Male saß ich da und massierte konzentriert seine Füße. Draußen regnete es, der Himmel war bewölkt und grau, doch im Raum war es strahlend hell. Es war, als ob hier drinnen die Sonne scheinen würde, so stark war die Lichtenergie, die von ihm ausging.

Ein Erlebnis mit ihm in meiner Praxis werde ich nie vergessen. Er lag entspannt mit geschlossenen Augen auf dem Massagetisch und ich behandelte konzentriert seine Füße. Plötzlich ging ein leiser Ruck durch seinen Körper und sogleich öffnete er seine Augen. Konzentriert schaute er nach oben an die Decke. Ich hatte das Empfinden, er schaue durch alle Welten hindurch. Seine Füße wurden immer kälter und sein Gesicht immer blasser. Und dann spürte ich es, er war nicht mehr hier: Mario war in eine für mich unsichtbare Welt eingetaucht. Sehr sachte massierte ich weiter, ich wagte mich kaum zu bewegen. Ich wollte ihn auf keinen Fall stören, wo immer er jetzt auch sein mochte. Auf einmal bewegte er ruhig seine Augen und ich spürte, dass er wieder in diese Welt zurückgekehrt war. Seine Füße waren wieder durchblutet und warm, auch sein Gesicht hatte wieder ein bisschen mehr Farbe. Er schaute mich an wie einer, der von sehr, sehr weit zurückgekehrt ist. Nach einer Weile setzte er sich auf und sagte: »Entschuldige bitte, ich wurde gerufen. Jemand, der mir sehr nahestand, hat vor einigen Momenten diese Welt verlassen, er brauchte meine Hilfe wirklich dringend.« – Wieder sah ich ihn mit neuen Augen. Ich hatte erleben dürfen, wie er den Menschen nicht nur in dieser Welt half, sondern auch noch in anderen, für uns unsichtbaren Welten. Meine Demut und Liebe für diesen ungewöhnlichen Menschen wurden noch stärker und tiefer. Doch dann erklärte er mir: »Das war eine absolute Ausnahme, ich verlasse sonst nie meinen Körper. Du musst wissen, dass diese unsichtbare Welt, wo unsere Toten hingehen, nicht eine Welt der Erlösung ist, sondern eine Welt, in der man weiter stirbt. Das unsichtbare Jenseits ist eine perfekte Widerspiegelung unserer sichtbaren Welt. In dieser anderen Welt durchlebt der Mensch das Gute und das Böse, das er in sich trägt. Man muss sehr wachsam sein, wenn man den Weg der vollkommenen Erlösung geht. Man sollte sich nicht auf diese gewaltigen Kräfte einlassen, sonst wird man unweigerlich in diese gigantischen dualen Kraftfelder eingebunden und bleibt ans Rad unendlicher Wiedergeburten gekettet.« Ich bedankte mich für diese Klärung. Jedes Mal, wenn er bei mir in der Praxis war, war seine Energie, seine Präsenz noch Stunden später im Raum spürbar.

Ein anderes Mal, als ich mit ihm beim Tee saß, besuchte mich eine junge Frau, die schon mehrere Jahre an seiner Arbeit teilnahm. Er erkundigte sich nach ihrer Gesundheit, wohl wissend um ihr Leiden. Momente später heilte er sie – in diesem Augenblick konnte ich die Liebe, die von ihm ausging, fast berühren, so stark war die Lichtstrahlung im Raum. Mein ganzer Körper bebte in dieser Kraft und die Augen der jungen Frau leuchteten wie Sterne. In diesem Moment dachte ich, er ist wie Christus, und ich erinnerte mich daran, dass man mich in Japan einmal gefragt hatte, was denn Mario sonst noch mache, außer Bücher zu schreiben? Ich hatte geantwortet, er ist wie Christus, er spricht zu den Menschen und heilt die Kranken.

Von der Wüste zum Ozean aus Licht

Die Arbeit in den Inneren Kreisen war enorm stark geworden, sodass sehr alte, tiefe Dinge aus dem Urgrund meiner Seele hochkamen und mich in einen unbeschreiblich schlimmen Zustand versetzten. Ich war am Boden zerschmettert. Ich befand mich Tag und Nacht in einer inneren Wüste, wo absolut kein Leben mehr vorhanden war. Nach vielen Tagen überlegte ich mir wirklich, ob ich in den See gehen sollte, um dort zu ertrinken. Alle Freude war aus mir gewichen, ich war am Ende und auch Mario wollte ich nicht anrufen. Es wurde immer schlimmer.

Dann, unerwartet, rief er mich eines Tages an und sagte, dass er gerne in die Massage käme, doch vorher möchte er mit mir essen gehen. Ich war erfreut über seinen Vorschlag und am nächsten Tag erzählte ich ihm von meiner inneren Wüste, von der schlimmen Verfassung, in der ich mich befand. Er wusste es bereits. Liebevoll erklärte er mir, dass meine Einsamkeit und die tiefe Verzweiflung in Form einer Wüste ein Gesicht bekommen hätten. Es sei gut, wenn ich sie aus eigener Kraft durchwandere, aber ich solle dabei nicht vergessen, dass es Licht benötige, um diese innere Wüste zu sehen. Dieses wahrnehmende Licht solle ich mir bewusster machen. Man sei immer allein, solange man nicht »all-ein« sei. Er könne mich jederzeit aus dieser Wüste holen, erklärte er, aber es wäre gut, wenn ich sie selbst endgültig und ganz durchwandern würde und die richtigen Einsichten daraus ziehen könnte. Nach diesem Gespräch war ich ruhiger und konnte diesen Zustand besser ertragen, denn er dauerte noch mehrere Wochen an. In meiner Praxis hängt Marios Bild, von dem eine große Strahlungskraft ausgeht. Eines Tages stand ich davor und schaute in seine Augen. Ich erschrak heftig, seine Augen waren nicht mehr aus Papier, nein, es waren wirklich seine lebendigen Augen, die mich liebevoll anschauten. Eine Welle der Liebe floss durch meinen Körper. Noch heute läuft es mir kalt über den Rücken und mein Körper vibriert erfüllt von Liebe und Dankbarkeit, wenn ich an diesen Moment denke. An so einem Punkt werden Erklärungen unwirklich, wie kann man solche Erlebnisse in Worte fassen?

Endlich spürte ich, dass es allmählich leichter, heller und klarer in mir wurde. Ich wusste, dass ich mich langsam dem Ende dieser enormen inneren Wüste näherte. Einige Wochen später erlebte ich in einem seiner Seminare eine unsichtbare Berührung, eine leuchtende, unsichtbare Hand löschte auf einen Schlag den Rest dieses dunklen Zustandes in mir aus. Mein Leben hat sich von Grund auf verändert, ich bin nicht mehr allein. Ich wollte mir das Leben nehmen und mich im See ertränken, es ist anders gekommen. Jetzt ertrinke ich im Ozean des Lichts und der Liebe.

13. Wenn er seine Hand bewegt, bewegen sich die Welten

Susanne Karl – Deutschland

Der »Zufall« wollte es damals, dass zwei Personen ihre Reise in die Schweiz zu einer Zusammenkunft mit Mario Mantese absagen mussten. So nahmen mein damaliger Freund und ich diese Gelegenheit wahr. Bereits einen Tag vor dem Treffen waren wir an dem wunderschönen, abgelegenen Ort eingetroffen. Wir befanden uns auf einer Alm auf einem allein stehenden Bergplateau, umgeben von einer sanften Alpenlandschaft.

Er traf am nächsten Tag ein und in dem Moment, als ich ihn sah, begann mein Körper unmittelbar Stress zu entwickeln. Als wir uns ihm vorstellten, war es mir nicht möglich, auch nur einen einzigen vernünftigen Satz zu formulieren. Nachmittags, als wir dann mit ihm zusammensaßen, teilte er uns mit, dass er gerne kurz mit jedem Einzelnen von uns arbeiten möchte. Dies sei für unser weiteres Zusammensein wichtig. Als ich diese Worte hörte, war mein Chaos perfekt. Sogleich begann sich in meinem Körper ein Fieber zu entwickeln und in der Pause zog ich mich in mein Zimmer zurück. Meinen Freund wies ich an, mir alle vom Leib zu halten. Ich wollte nur noch eins: allein sein und in Ruhe mein inneres Chaos ordnen. Am nächsten Tag waren das Fieber und der körperliche Stress wie ein Spuk verschwunden. Ich fühlte mich ruhig und glaubte, dieser »Einzelarbeit« entgangen zu sein, bis zu dem Moment, als er mich anschaute und zu mir sagte: »Jetzt du.« Ich fühlte in mir keinen Widerstand. Neugierig und gespannt legte ich mich auf den Boden und schloss die Augen. Nicht ein einziges Mal hatte er mich berührt und doch spürte ich, wie sich meine Nervosität und das innere Flattern sehr rasch beruhigten. Kurz danach fühlte es sich an, als wenn mein Körper, von einer unsichtbaren Hand hochgehoben, über dem Boden schweben würde. Später erzählte ich ihm diese Wahrnehmung und er bestätigte mein Schweben mit seinen nächsten Worten.

MM: Ja, du warst genau dort, wo du festhängst.

F: Wie meinst du das?

MM: Bisher hast du geglaubt, du seist der Körper, jetzt glaubst du zusätzlich an diese außerkörperliche Wahrnehmung, doch die Totalität sieht nichts. Die Totalität ist das, was du wirklich bist. Bleibe nicht an subjektiven Erfahrungen und Wahrnehmungen hängen, sie sind bloß Erscheinungen.

F: Doch diese Erfahrung hat mir klar gezeigt, dass ich nicht dieser Körper bin.

MM: Stimmt, aber geh jetzt tiefer, das war nur ein Fingerzeig. Die Frage, die sich nun stellt, ist, hast du in dieser Erfahrung dein eigenes Ich gesehen, ist es möglich, ohne Ich eine Erfahrung zu machen?

F: Das verstehe ich überhaupt nicht.

MM: Ohne Ursache gibt es keine Wirkung, ohne einen Wahrnehmenden keine Wahrnehmung. Wer ist es, der wahrnimmt?

F: Das bin ich!

MM: Genau, finden wir jetzt heraus, was dieses Ich ist, das Körperlichkeit und Körperlosigkeit wahrnimmt und erfährt, in anderen Worten, Leben und Tod, Diesseits und Jenseits. Dieses Ich, das dies alles erlebt und sieht, nennst du deine Persönlichkeit, sie ist dieses »Ich-bin«-Gefühl. Nehmen wir nun an, dass es dieses Ich nicht gäbe, dann wüsstest du gar nicht, dass du existierst, es gäbe keinen Erfahrenden und somit keine Erfahrungen. Stimmt das?

F: So gesehen, ja.

MM: Schau jetzt tief in dich hinein, suche dieses Ich, dieses Individuum, das du zu sein glaubst. Sag mir, was du siehst.

F: Ich sehe nichts.

MM: Genau, das heißt, du bist nicht ein Ich, das geboren ist und stirbt, nicht das Wahrnehmende und nicht das Wahrgenommene, du bist untrennbare Wirklichkeit, zeitlos, raumlos und formlos, die Essenz selbst. Wenn du das klar siehst, dann erkennst du, dass das, was du bisher als normal angesehen hast, nie wirklich normal war.

Was du wahrnimmst, bist du nicht; was du wirklich bist, ist nicht wahrnehmbar. Du bist weder ein Subjekt noch ein Objekt, du bist die Totalität, alles, was ist! Das, was du als sichtbare Welt siehst und benennst, ist bloß eine Spiegelung im Bewusstsein. Die Schöpfung der Welt, als Erscheinung innerhalb des Bewusstseins, umfasst alles, was es gibt. Weil du, die Totalität, dich irrtümlich mit dem Körper identifizierst, stellst du dir auch die anderen als Körper vor. Du hältst das, was nicht ist, für das, was ist. Trenne jedoch das, was aus dir erscheint, nicht von dem, was du wirklich bist. Alles ist eins! Lass diese Worte wirken, sie werden wirken, nur nicht so, wie du dir das vorstellst.

Am Abend des Abschieds sagte er uns, dass sich bei uns allen nun einiges verändern würde. Wir waren damals eine eher arrogante Gruppe junger Leute und als wir wieder im Auto Richtung Deutschland fuhren, war unser aller Tenor: »Na ja, das war es wohl. Bei uns ändert sich ganz bestimmt nichts!« Dafür glaubten wir schon zu viele Schamanen gesehen zu haben und zu viele Workshops, Selbsterfahrungsgruppen und Experimente gemacht zu haben. Doch welch ein Irrtum! Das Leben von allen, die an diesem Wochenende teilgenommen hatten, veränderte sich innerhalb kürzester Zeit total. Zwei Monate später teilte ich ihm in einem Brief mit, dass ich die komplizierte Beziehung mit meinem damaligen Freund aufgelöst und endlich denjenigen gefunden hätte, mit dem ich ein gemeinsames Leben führen wollte. Nun fing für mich ein völlig neuer Lebensabschnitt an. Auf diesem Berg in der Schweiz begann, auch wenn es mir damals noch nicht bewusst war, die Umsetzung meiner eigentlichen Bestimmung.

Die Lichthochzeit

Nach vielen Jahren lud er uns und einige Freunde zu sich in die Schweiz ein. Genau zu diesem Zeitpunkt stand unsere Ehe nicht mehr zum Besten. Wir lebten aneinander vorbei. Es dauerte nicht lange, bis ich mit ihm über unser großes Problem sprach. Mein Mann saß neben mir, wir hatten uns zuvor geeinigt, ihm davon zu erzählen. Er reagierte wie immer gelassen und ruhig auf unsere Schilderungen und dann fragte er uns, ob wir verheiratet seien. Diese Frage erstaunte mich, denn ich war mir sicher, er wusste, dass wir schon seit vielen Jahren verheiratet waren. Also antwortete ich: »Ja, wir sind standesamtlich verheiratet.« – »Ach so«, meinte er, »dann seid ihr also gar nicht richtig verheiratet. Ihr seid wie zwei Fremde, die einen Vertrag miteinander geschlossen haben, mehr nicht.« Er machte uns den Vorschlag, gleich hier und jetzt die innere Vereinigung nachzuholen, um diesen Missstand zu beheben, falls wir dies wollten. »Doch dann müsst ihr auch endlich die volle Verantwortung für euer Zusammensein übernehmen«, fügte er noch hinzu. Wir wollten. Beide schlossen wir die Augen und ich spürte, wie eine spiralförmige Bewegung von Licht von mir in meinen Ehemann einstrahlte und sein Wesen berührte und das Gleiche geschah auch durch ihn in mir. Es fand eine zarte Annäherung statt. Mario erklärte dann, dass jetzt nicht nur die Körper verheiratet seien, sondern sich nun auch unsere Seelen vereinigt hätten. Die Seelen hätten sich aber nicht gefunden, um sich zu binden, sondern um sich zu erlösen!

Was sich danach einstellte, war eine Bereitschaft, meinem Partner wirklich zuzuhören und ihn zu verstehen, eine Qualität, die mir bisher fremd war. Das sinnlose Miteinanderringen war vorbei, in unsere Beziehung kehrte Ruhe und Zufriedenheit ein. Uns wurde bewusst, wie viel diese endlosen Streitereien schon zerstört hatten! Wir sind dankbar, dass unsere Kinder jetzt in dieser neuen Gefühlswelt aufwachsen dürfen, und ich genieße unser Zusammensein sehr.

Kleine Schritte – große Wirkungen

Wir konnten damals die Auswirkungen der starken, ausstrahlenden Kraft der Zusammenkünfte noch zu wenig in unserem Alltag umsetzen. Was wir aber mit absoluter Sicherheit wussten: Wir wollten bei dieser großen spirituellen Arbeit dabei sein, sie entsprach genau dem Klang unserer Seelen. Wenn wir ihn in der Hoffnung, klarer zu werden, nach dem Weg, den er lehrt, fragten, kam immer dieselbe Antwort: »Geduld, meine Freunde, Geduld!« Nun war Geduld eigentlich das, was ich am wenigsten verinnerlicht hatte. Ich wollte schneller vorwärtskommen, etwas erreichen. Doch immer mehr schmolzen die Ungeduld und die Unruhe dahin. Dann eröffnete er die Inneren Kreise, »die Wege des Feuers«, wie er sie auch nannte. Wir waren alle völlig überrascht von diesem gewaltigen Licht, das von ihm ausging. Die schlichten Worte, die er sprach, hatten in dieser enorm hohen Vibration eine total erlösende Wirkung, alles Begrenzte und Lieblose wurde unmittelbar aufgelöst. Wiederum sah ich ihn mit neuen Augen. Er sagte: »Das Ego ist wie kaltes Wasser, wenn es erhitzt wird, verdunstet es.« Von diesem Moment an begann die wirkliche Umsetzung dieses erlösenden Weges in meinem Leben. Eine gewaltige Lichtkraft durchströmte jeden Atemzug in meinem Alltag und erstaunliche Dinge geschahen.

Der Himmel öffnet sich

Wir kannten ihn nun schon seit vielen Jahren und hatten das Glück, ihn ab und zu in der Schweiz besuchen zu können. Inzwischen hat er sich von dieser persönlichen Ebene zurückgezogen, er empfängt kaum noch jemanden bei sich zu Hause. Für uns waren diese Besuche bei ihm jeweils die Highlights des Jahres. Von einem der letzten Besuche bei ihm erinnere ich mich an ein beeindruckendes Erlebnis. Wir waren zu fünft mit ihm auf einem Spaziergang entlang eines Sees. Es war früher

Nachmittag. Ein starker Wind kam auf und der Himmel verdunkelte sich. Plötzlich zogen dichte Regenwolken über uns hinweg. Wir setzten uns für eine Weile auf einen Baumstrunk nahe am Wasser und betrachteten dieses Naturspektakel. Aber es war alles andere als gemütlich. »Wir gehen den Weg weiter«, meinte Mario. Wir machten uns über einen Feldweg auf den Rückweg, doch die Autos waren noch weit weg. Dann begann es mit dicken Tropfen zu regnen. Uns war klar, in Kürze würden wir alle klatschnass sein. Mario hielt inne und sagte: »Wartet einen Moment.«

Er hob seine Arme und streckte sie nach oben, diesem gewaltigen Unwetter entgegen. Was wir hier mit eigenen Augen sahen, konnten wir fast nicht glauben. Er begann den Naturkräften Einhalt zu gebieten und sie gehorchten ihm. Auf dem Weg, den wir gingen, fiel kein Tropfen Wasser. Der Himmel über uns öffnete sich, ein paar Sonnenstrahlen und ein Regenbogen erschienen. Doch unmittelbar neben uns schüttete es wie aus Eimern. Es war, als ob er mit seinen Handbewegungen eine unsichtbare Mauer, die bis in den Himmel reichte, erschaffen hätte, denn dem Unwetter war es absolut unmöglich, sich uns mehr als auf ein paar Meter zu nähern. Wir waren sprachlos und staunten, wir versuchten das Unbegreifliche zu begreifen. Wir spazierten zum Parkplatz zurück und konnten hier die Spuren des starken Regens sehen. Alle Terrassen waren leer und alle Ausflügler verschwunden. Nur wir kamen trocken vom offenen Feld zurück.

Anschließend erklärte er uns, dass das Begrenzte ins Unbegrenzte eingebettet sei, und wer nicht mehr im Begrenzten verstrickt sei, habe eine andere Beziehung zur Natur und ihren Kräften. Doch das Unbegrenzte sei absolut und in jeder Hinsicht losgelöst und frei vom Begrenzten – doch was wäre dieser herrliche Planet Erde ohne Winde und ohne Wasser? Für uns alle war es eine tiefe Erfahrung und Belehrung. Einmal mehr erkannten wir unsere eigenen inneren Grenzen und wo wir sie in uns selbst überschreiten konnten.

Eine Lichtoperation

Eines Tages befand ich mich gerade voll im Arbeitsablauf in unserer Praxis, als das Telefon läutete. Der Arzt, bei dem ich in Behandlung war, teilte mir mit, dass bei den Untersuchungen der Befund Verdacht auf Krebs ergeben habe und ich mich in eine Klinik zur Operation einfinden solle. Ich war von dieser Diagnose schockiert und ließ mich noch von andern Ärzten untersuchen, doch der Befund war stets derselbe. Ich rief Mario an, um ihn zu fragen, was ich zu tun hätte. Er meinte: »Nichts, ruhig bleiben, aber auf alle Fälle sehr bald operieren!« Innerlich war ich tief erschüttert, doch mein Mann begleitete mich liebevoll durch diese schlimme Lebensphase. Ich spürte einen tiefen Schmerz, der mir den Atem raubte: Musste ich meinen Mann, meine Kinder und Freunde schon jetzt verlassen? Gleichzeitig mit diesen dunklen Gedanken spürte ich aber mit absoluter Sicherheit, dass mir im Falle meines Todes nichts geschehen könnte und es auch nicht würde. Ich fühlte und wusste, dass ich tief im Kern meines Wesens unsterblich bin. In dieser Zeit rief ich Mario an, um ihn zu bitten, mich während der Operation und der Narkose zu begleiten. In der kommenden Zeit beschlich mich ein klammes Gefühl. »Er wird mich doch nicht vergessen?«

Am Abend vor der Operation musste ich ihn noch einmal anrufen, ich war dabei sehr gespalten. Einerseits schämte ich mich meiner Zweifel, andererseits wusste ich, dass ich an ihnen nicht vorbeikam. So rief ich ihn mit bangem Herzen an. »Mario, ich wollte nur noch einmal deine Stimme hören«, versuchte ich mich durchzumogeln. – »Ich habe dich nicht vergessen«, war seine Antwort und er wiederholte diesen Satz gleich noch einmal.

Am nächsten Tag brachte mich Ernst in den Operationssaal, darum hatten wir gebeten. Das Letzte, was ich sah, bis mich die Narkose umfing, war das vertraute Gesicht meines Mannes. Ich wusste, dass er draußen warten würde, und Mario war auch informiert. Es konnte nichts geschehen.

Und dann wurde diese Operation zu einer der tiefsten Berührungen mit dem großen Licht, die ich bis dahin erlebt hatte. Marios Liebe war voll da! Ich saß auf einer Wiese in der Sonne, voll Liebe und Kraft strahlte *ES* mich an, meine Seele jubelte. Als ich aus der Narkose erwachte, wusste ich, alles wird gut. Kurz danach erzählte mir Ernst, dass in dem Moment, als die Operation begann, sich die Vibration und die Kraft im Raum immens erhöht hätten, und als die Operation beendet war, alle beteiligten Personen sehr entspannt gewirkt und einen sehr erfüllten Gesichtsausdruck gehabt hätten. In dieser ganzen Zeit fühlte ich mich von Mario sehr intensiv begleitet. In dieser starken Lebensphase veränderte sich mein Leben einmal mehr tief. Ihn zu treffen und an dieser großen Arbeit, die er verkörpert, teilzunehmen, das war meine Lebensbestimmung. Je klarer dies für mich erkennbar wurde, desto mehr tauchte ich in diese segensreiche Kraft ein, die mich allmählich von meinen nebelhaften Lebenszuständen erlöste. Ich wurde ruhiger, friedvoller und mein Leben wurde mit Freude erfüllt. Die Begegnung mit ihm ist das Schönste, was mir geschehen konnte.

14. Das multidimensionale Bewusstsein

Ernst Karl – Deutschland

Mein Leben befand sich in vielen Bereichen in einer Sackgasse, ich war vierundzwanzig Jahre alt und stand existenziell vor einem Scherbenhaufen. Irgendwie hatte ich mich mit meinen inneren Anlagen und Möglichkeiten in der Welt nie richtig integrieren können. Rückblikkend sehe ich klar, dass ich mich damals in einem Zustand großer Orientierungslosigkeit und Verlorenheit befand, denn schon sehr früh in meinem Leben hatte ich viele Lebensziele und Mechanismen der Gesellschaft als oberflächlich empfunden. Sie waren für mich nicht erstrebenswert. Das Resultat waren eine ausgeprägte Flucht und Verweigerungstendenz gegenüber einem sogenannten normalen Leben, was sich in vielen Auslandsreisen und Drogenexperimenten widerspiegelte. Aber diese gaben auch keine Antwort auf meine unbewussten tiefen Fragen. Irgendetwas Wesentliches fehlte. Mit Mario Mantese trat dieses Wesentliche mit großer Kraft in mein Leben.

Der unerwartete Wendepunkt

Durch meine damalige Freundin Susanne (heute meine Frau) und ihren Bekanntenkreis kam ich in Kontakt mit Mario. Diese erste Begegnung war für mich ein außerordentlich tiefes, ergreifendes Erlebnis und auch der Wendepunkt in meinem Leben. Als er zu sprechen begann, wurde mir sehr schnell klar, ich war hier mit etwas in Berührung gekommen, das ich, ohne es zu wissen, schon immer gesucht hatte. Das erweckte in mir einen Zustand, der sich so richtig wohl anfühlte. Innerlich jubelte ich und seine tiefen Worte erfasste ich intuitiv als absolut wahr.

Jahre später formulierte er einmal die Aussage: »Worte sind Taten.« Ja, seine Worte sind Taten. Während der darauffolgenden Jahre half er mir in beispielloser Weise – an den Zusammenkünften und auch in persönlichen Gesprächen –, Schritt für Schritt aus meinen alten Blockierungen und lähmenden Verhaltensmustern herauszuwachsen und endlich Verantwortung für mein Leben zu übernehmen.

Kompromisslos führte er mich in die Welt zurück und zeigte mir manchmal drastisch, dass wahre Spiritualität im praktischen Alltag Fuß fassen musste. Er sagte oft: »Erst wenn man mit beiden Füßen fest auf dem Boden steht, kann man den Kopf in den Himmel recken.« Er scheute sich nicht davor, zu einem reißenden Fluss oder zu einem ausbrechenden Vulkan zu werden, um mich aus meinem hypnotischen Selbstmitleid zu befreien.

Der himmlische Mensch

Ich erinnere mich, wie er einmal an einem Treffen gesagt hatte: »Es gibt drei Gründe für diese Zusammenkünfte: das Erwecken des himmlischen Menschen, die Wiederherstellung des himmlischen Menschen und die innere Auferstehung des himmlischen Menschen.«

Diese starken Worte trafen mich in einer Zeit, als ich in großen Zweifeln gefangen war. Ich hatte vorübergehend diese gewaltige spirituelle Arbeit aus den Augen verloren. Seine Worte kamen genau in dem Augenblick, als ich mir die Frage stellte, worum es hier eigentlich ging. Er hatte meine Frage unmittelbar aufgenommen und prompt beantwortet. Dies ist eine seiner Fähigkeiten, die ich sehr gut kenne und wertschätze – die Art, wie er Gedanken aufnimmt und sie sogleich beantwortet.

Es verblüfft mich immer wieder, auch nach den dreizehn Jahren, die ich ihn schon kenne. Einmal haben wir ihn darauf angesprochen. Er erklärte kurz, dass ein Erwachter ein multidimensionales Bewusstsein sei, ein Sehen ohne einen Sehenden. Über seine unbegrenzten Möglichkeiten spricht er selten, er findet es unnötig und sogar hinderlich, wenn Menschen, die zu ihm kommen, sich darauf fixieren. »Dinge geschehen, weil sie geschehen, und nicht, weil einer will, dass sie geschehen«, ist seine Erklärung.

In dieser Zeit der Zweifel und Verunsicherung machte ich mir oft Sorgen über die Zukunft der Menschheit und der Erde. Als sich die Gelegenheit bot, stellte ich ihm diese Frage.

F: Wenn ich sehe, wie rasant sich die Gesellschaft entwickelt und verändert, wie die Umwelt belastet wird, die vielen Katastrophen, Seuchen, Kriege und Hungersnöte, dann mache ich mir ernsthaft Sorgen um die Zukunft der Erde und der Menschheit. Wie siehst du das?

MM: Du kannst dich an deine Vergangenheit erinnern, kannst du dich auch an deine Zukunft erinnern?

F: Nein, das ist eine ungewöhnliche Frage.

MM: Wenn du von Zukunft sprichst, meinst du damit den morgigen Tag oder die ferne Zukunft?

F: Wohl eher die ferne Zukunft.

MM: Wo wirst du in dieser fernen Zukunft sein?

F: Das kann ich jetzt nicht wissen.

MM: Wenn diese kosmische Zukunft schon seit undenklichen Zeiten vorgegeben ist, das heißt schon jetzt, weit vor uns, besteht, wie wirkt sich diese Zukunft in diesem Moment auf deine Gegenwart aus? Sie kann ja nicht unabhängig und abgesondert von dir existieren. Du nimmst an, dass du unweigerlich auf diese Zukunft zugehst, und bist davon überzeugt, dass du alles, was in dieser Zukunft auf dich wartet, unausweichlich durchleben musst, was immer das sein mag. Weil du nicht weißt, was es ist, das dort auf dich wartet, machst du dir Sorgen, hast Angst und bist zutiefst verunsichert. Das, was du Vergangenheit und Zukunft nennst, muss jedoch unmittelbar in dir vorhanden sein, denn du selbst bist in der Gegenwart die Drehscheibe, in der sich die Vergangenheit in Zukunft wandelt. Nun stellt sich die Frage, wo genau ist dieser Schnittpunkt in deinem Gehirn, wo sich die Vergangenheit und die Zukunft in der Gegenwart treffen? Hast du deine Zukunft bereits erlebt?

F: Nein, deine Betrachtungsweise überfordert mich. Ich habe das Gefühl, mein Gehirn explodiere jeden Moment.

MM: Zukunft und Vergangenheit ist jetzt. Du lebst nur aus deinem Gedächtnis, das heißt aus deiner Vergangenheit, aus deinen gespeicherten Erfahrungen, deinem angesammelten Wissen, den unzähligen Konzepten und Vorstellungen. Diese Einbildungen sind lediglich Abläufe und Bewegungen in deinem Gehirn, und es sind genau diese Denkbewegungen, die dir vorgaukeln, dass es ein Gestern und ein Morgen gibt, eine Vergangenheit und eine Zukunft. Raum und Zeit sind nur Konzepte, wie kann Vergangenheit und Zukunft wirklich sein? Alles ist jetzt, Fülle, Allgegenwart!

Sorge dich nicht um das Morgen, finde heraus, was du jetzt bist. Wenn du klar siehst, was du alles nicht bist, dann siehst du, dass du dich um das, was du wirklich bist, nicht kümmern musst. Realisiere tief, was ich dir gesagt habe, dann ist alles in Ordnung! Beschäftige dich mit der lebendigen Gegenwart, die Zukunft wird für sich selbst sorgen.

Staunend saß ich da. Sein Sehen durchbricht alles, es löscht das Sehende wie auch das Gesehene aus. Wer ihm wirklich zuhört, erwacht.

Sein multidimensionales Wesen

Eine unmittelbare Wirkung dieses multidimensionalen Bewusstseins durfte ich einmal sehr konkret an mir selbst erfahren. Mario war damals nach einer Zusammenkunft in München noch einen Tag länger geblieben und hatte mit ein paar Freunden am Nachmittag einen Ausflug zum Walchensee gemacht.

Am Abend fanden wir uns in einer Privatwohnung ein. Fünfundzwanzig Menschen waren eingeladen worden, um noch einmal den Segen seiner Gegenwart zu empfangen. Während Mario sich mit dem Gastgeber unterhielt, erwachte in mir eine starke gedankliche Projektion, die sich verselbständigte und schnell verstärkte: Ich stellte mir vor, wie sie auf ihrem Spaziergang gute und lobende Worte über mich gesprochen hatten. Es war eine alte Art von Energie in mir, die mich immer sehr belastete, wenn sie auftrat. Ich wusste, dass es kindisch und absurd war, aber es kam von tief innen und war übermächtig. Ich versuchte, diese

Gedanken irgendwie in den Griff zu bekommen, da ich wusste, dass Mario eine außerordentlich feine Wahrnehmung besaß. Es wäre mir äußerst peinlich gewesen, wenn er gewusst hätte, was sich in meinem Kopf abspielte. Als sich dieser brennende Anerkennungshunger voll entfaltet hatte, beantwortete er gerade jemandem eine Frage.

Die Person, mit der er sprach, saß mir genau gegenüber auf dem Boden. Im selben Augenblick machte er eine dezente, aber kraftvolle Bewegung aus dem Handgelenk in meine Richtung, und sogleich traf mich ein energetischer Impuls mit solch einer Wucht, dass es in meinem Kopf augenblicklich still und leer wurde. Das ganze gedankliche Gebilde fiel zusammen wie ein Kartenhaus im Wind. Seit diesem Ereignis sind nie mehr solche Gedanken und Wünsche in mir erschienen. Niemand im Raum hatte es bemerkt, dass er nebenher »in mir aufräumte« und mich dabei so reich beschenkte. Später, als ich ihn noch einmal auf dieses multidimensionale Bewusstsein ansprach, erklärte er mir: »In Raum und Zeit erscheint dieses Bewusstsein als multidimensional, aber es ist als solches nur eine Erscheinung. In der Totalität gibt es keinen Wahrnehmenden und nichts, das man als ›multi‹ bezeichnen könnte. Sehen ist das, was wir wirklich sind.«

Er hat es immer vermieden, laut und effektheischerisch seine unbegrenzten Möglichkeiten einzusetzen, aber ich weiß aus tiefstem intuitivem Erfassen, dass dieser universellen Kraft, die er ist, nichts in dieser Welt standhalten oder widerstehen kann. Ihm habe ich auf einer tiefen Ebene mein Leben zu Füßen gelegt, er ist mein geistiger Vater, das Ziel und die Erfüllung meines Lebens. Seine universelle Liebe und Intelligenz sind für mich der Garant für ein göttliches Dasein und die vollkommene Erlösung von allen Missverständnissen, Unklarheiten und aller Lieblosigkeit. Bei ihm wird einem nichts abgenommen, aber alles geschenkt.

15. Reise ins Unbekannte

Roland Strasser – Deutschland

Die Erinnerung ist noch sehr lebendig in mir. Eine Freundin aus der Schweiz, die ich auf einem Schamanentreffen kennengelernt hatte, erzählte mir von einem »Heiler«, der in der gleichen Stadt wie sie wohne und im Herbst ein Seminar auf einer Alm durchführen werde. Ich rief ein paar Freunde an, von denen ich wusste, dass sie an »so etwas« interessiert waren, und einige Wochen später fuhren wir Richtung Alpen. Im Augenblick der ersten Begegnung mit Mario Mantese dort oben war mir nicht annähernd bewusst, dass dieses Treffen mein Leben völlig und von Grund auf verändern würde.

Seit ich mich erinnern kann, suchte irgendetwas in mir nach einer Wahrheit, nach einer Erklärung meiner vielen Fragen, der Auflösung der großen Rätsel. Als Kind dachte ich, dass mir die Erwachsenen später einmal erzählen würden, wie »alles« in Wirklichkeit sei. Ich fühlte schon damals, dass irgendetwas an der Erklärung der Welt, wie man sie mir weismachen wollte, nicht stimmen konnte. Leider musste ich beim Heranwachsen feststellen, dass weder die Eltern noch die Lehrer, ja nicht einmal die Priester eine Antwort hatten. Sie tappten, wie es mir schien, alle im Dunklen.

In meiner Jugend nahm ich alles, was mir das Leben zu bieten hatte, und zog es gierig in mich hinein. Keine Party und keinen Rausch ließ ich aus, doch mein Hunger, meine Sehnsucht wurde dadurch nicht gestillt. Ich nahm auch LSD, eine halluzinogene Droge, und eines Tages blieb ich auf einem schlechten »Trip« hängen. Dabei öffnete sich eine Tür, die sich nicht mehr wieder richtig schließen ließ. So wunderbar und ekstatisch meine Erfahrungen mit dieser Droge vorher waren, hinter dieser inneren unsichtbaren Tür, die sich geöffnet hatte, lauerte die größte Angst, die ich je erlebt hatte. Sie fiel wie ein wildes Tier über mich her. Meine Welt war erschüttert und ich war gerade sechzehn Jahre alt.

Bei Bhagwan in Poona

In dieser Krise beschloss ich, nach Indien zu reisen, um vielleicht dort Antwort und Hilfe zu finden. Dieses Land hatte mich schon längere Zeit fasziniert. Nach den ersten Monaten, in denen ich mit anderen durch die Gegend reiste, wurde mir klar, dass ich auf diese Weise nicht weiterkommen würde. Außerdem war meine Psyche derart ramponiert, dass ich das Empfinden hatte, mein Leben hinge nur noch an einem dünnen Faden. Ich war in Goa, Südindien, hatte kein Geld und kein Rückflugticket mehr, meine Welt war zerbröckelt. Es war ein Gefühl, als wäre ich frisch ausgeschlüpft und der Welt schutzlos ausgeliefert. In meinem Leben war Gott nichts Fremdes, ich betete oft und hatte trotz vieler Zweifel das Gefühl, geführt zu werden.

Es gibt eine schöne Geschichte zu dieser Führung: Ein Mann trifft am Ende seines Lebens Gott und fragt: »Herr, Du hattest mir versprochen, immer bei mir zu sein, und wenn ich so meine Lebensspuren im Sand betrachte, waren es meist zwei Spuren. Doch in den Zeiten der größten Verzweiflung sehe ich nur eine Spur. Warum hast Du mich gerade dann verlassen, wenn ich Dich am dringendsten benötigt hätte?« Da spricht der Herr: »Siehe, ich war und bin immer bei dir, und dass du in den Momenten der größten Dunkelheit nur eine Spur gesehen hast, liegt daran, dass ich dich dort getragen habe.«

Mit einem Kollegen, der auch auf der Suche war, wollte ich Richtung Himalaja. Wir hofften, dort einen kompetenten Guru zu finden, der unsere Fragen beantworten könnte. Auf dem Weg dorthin machten wir einen Abstecher nach Poona, das sich auf unserem Weg nach Norden befand. Mein Reisegefährte ließ sich dort seine Post hinschicken. In Poona befand sich zu dieser Zeit der Ashram von Bhagwan Shree Rajneesh, später auch als Osho bekannt. Er war damals für die westliche Bevölkerung der Inbegriff des indischen Gurus. Ich hatte bis zu dieser Zeit noch nie von ihm gehört. Wir wollten höchstens zwei Tage in Poona bleiben, für mich wurde es ein halbes Jahr. Viele in unserem Sinne erfolgreiche Menschen, die an die Grenzen unserer Gesellschaft gestoßen waren, hielten sich dort auf, um endlich ihre Fesseln zu sprengen. Es war ein riesiges Experimentierfeld und Bhagwan war eine der faszinierendsten Persönlichkeiten, die ich je erlebt habe. Seine Ausstrahlung, seine verbale Genialität und sein Witz waren einmalig. Ich wurde natürlich »Sannyasin«. Ich musste aber weder mein Geld abgeben noch wurde ich einer Gehirnwäsche unterzogen, so wie das damals von den westlichen Medien oft dargestellt wurde. Ich bekam viel Hilfe und erlebte eine für mich wertvolle Zeit. Mein Sannyasin-Dasein endete mit dem Umzug Oshos und seiner Jünger nach Oregon. Ich konnte und wollte gewisse Dinge, die im neuen Ashram geschahen, nicht mehr nachvollziehen. Bhagwan wollte östliche Religion und westliche Wissenschaft verbinden, doch die Entwicklung hat gezeigt, dass sich die ganze Bewegung in Machtstrukturen verloren hatte.

So wie ich es heute sehe, wird bei dieser Form der spirituellen Arbeit, wie sie in Poona und später in vielen anderen esoterischen Richtungen praktiziert wurde, tief in die Persönlichkeitsstruktur des Menschen eingegriffen. Je nach Therapeut und Technik wirkt sich das unterschiedlich aus. Aber genau hier ist der springende Punkt, alles geschieht nur auf der Persönlichkeitsebene. Durch diese Art Arbeit wird fälschlicherweise der Glaube geweckt, man wäre wirklich in einen anderen inneren Raum gekommen. In Wirklichkeit befindet man sich immer noch genau im selben inneren Raum wie zuvor, es wurde lediglich das Mobiliar umgestellt und vielleicht neu dekoriert. Zum Teil werden dadurch die alten, fesselnden Ego-Strukturen und -Kräfte noch verstärkt. Aber eben: »Wer nicht neu geboren ist aus Wasser und Geist, wird nicht ins ewige Himmelreich eingehen«, das wurde mir später voll bewusst.

Das Ende der Suche

In der Zeit während und nach meiner ersten Indienreise lernte ich so ziemlich alles kennen, was es an spirituellen Angeboten gab. Ich las viele Bücher, tanzte mit den Derwischen, pirschte mit Don Juan, war Lichtarbeiter und indianischer Schamane. Ich philosophierte mit Nietzsche, Hesse oder Gustav Meyrink und ließ mich von Seth und Elisabeth Haich belehren. Lehrer wie Gurdjeff, Krishnamurti und Yogananda faszinierten mich. Ich verschlang diese Bücher geradezu und besuchte Seminare, Workshops und Vorlesungen. Mein Wissen um diese Dinge wurde immer größer und ich konnte meine Umwelt damit beeindrucken. Mein Ego hatte sich nach dem Zusammenbruch in Indien wieder neu strukturiert, doch im Grunde genommen tappte ich immer noch im Dunklen. Meine Angst war zwar einigermaßen unter Kontrolle, aber doch ein Teil meines Lebens geworden.

Als ich damals mit fünfundzwanzig Jahren dieses Seminar mit Mario Mantese in der Schweiz mitorganisierte, glaubte ich, dass dies sicher nur eine weitere Station meiner rastlosen Suche sei. Doch da sollte ich mich gründlich täuschen. Die Tage mit ihm auf der Alm waren äußerst intensiv. Er arbeitete damals vorwiegend mit unseren Energiekörpern. Er half uns konkret, ein neues Verständnis für den inneren, grenzenlosen Menschen zu erlangen. Es vollzog sich etwas Gewaltiges in mir, doch was das genau war, wurde erst nach und nach ersichtlich. Sicher ist, ich hatte mir selbst das Ende meiner Suche organisiert!

An diesem Treffen stellte ich ihm die Frage, die mich schon so lange beschäftigte.

F: Ich habe viele spirituelle Lehrer und Schamanen getroffen und hatte einen Guru, doch ich tappe immer noch im Dunklen. Was kann ich tun, um endlich klar zu sehen und endgültige Erlösung zu verwirklichen?

MM: Abgesehen davon, dass du im Dunklen tappst und nicht klar siehst, wie siehst du dich jetzt, in diesem Moment?

F: Ich sehe mich als einen Menschen, der intensiv nach Klarheit und Erlösung sucht.

MM: Du hattest einen Guru, hatte er dich auch?

F: Wie meinst du das?

MM: Im Sanskrit heißt »gu« Dunkelheit und »ru« Licht, also, wer hatte wen? Der Guru ist kein Körper und kein Individuum, wie kommst du darauf, dass du einen Guru hattest?

F: Dieser Guru hatte einen physischen Körper, ich habe seinen weisen Worten gelauscht und dadurch tiefe Einsichten erlangt.

MM: Du sagst, du hattest. Wo ist der Guru jetzt?

F: Er hat seinen Körper verlassen, er ist gestorben.

MM: Und du bist noch hier.

F: Sieht so aus.

MM: Hast du gesehen, wie er geboren wurde und wie er gestorben ist?

F: Nein.

MM: Woher weißt du denn, dass er geboren wurde und gestorben ist? Du sahst ihn als einen Körper, doch der war nur eine Erscheinung, die du auf der relativen Ebene als Spiegelung im Bewusstsein wahrnimmst. Über diese Erscheinung sammelst du Informationen und Bilder und diese Eindrücke benennst und interpretierst du. Diese subjektive Wahrnehmung veranlasst dich anzunehmen, dass es außer dir noch »andere« gibt.

Alles, was du siehst, ist Totalität und trotzdem meinst du, Objekte und andere zu sehen. Der Guru existiert nur als mentales Bild im Bewusstsein. Er existiert wirklich, nur nicht so, wie du dir das vorstellst! Höre auf zu suchen, es gibt nichts mehr für dich zu finden. Du selbst zu sein erfordert kein Bemühen, da du immer diese eine Wirklichkeit bist, du kannst dich nicht von dir selbst trennen.

Da Gott alles ist, kannst du auch nicht etwas anderes als Gott sein. Da Gott alles ist, sind auch all die anderen Gott, nur dass es in der Einheit Gottes keine anderen gibt. Die anderen sind von dir erdacht und somit nichts als mentale Bilder im Bewusstsein, wie Wasserblasen auf dem Ozean. Sei einfach du selbst!

Als ich diese Worte gehört hatte, wusste ich, ich war am Ende meiner Suche angelangt.

Eine Gruppe findet zusammen

Am letzten Abend auf der Alm erzählte uns Mario, dass es in der Nähe von München eine kleine Gruppe Menschen gäbe, mit denen er sich regelmäßig träfe. Falls wir daran interessiert wären, könnten wir uns ihnen gerne anschließen. Als ich dann Monate später diese Gruppe traf, fiel mir sofort auf, dass die Menschen, die zu ihm kamen, vollkommen unterschiedlich waren – sei es vom Alter, der sozialen Zugehörigkeit oder der Lebenseinstellung her. Mit einer gewissen Skepsis begutachteten wir uns gegenseitig. Völlig unbeeindruckt von unseren kritischen Blicken und Gedanken, begann Mario zu sprechen. Er hatte unsere Skepsis sofort wahrgenommen.

Kaum hatte er begonnen, sagte er zu uns: »Das Gift von Sympathie und Antipathie steuert euer Leben. Wie stark ihr in diese einengenden, zerstörerischen Kräfte eingebunden seid, könnt ihr jetzt selbst wahrnehmen. Ihr schaut in euren Spiegel. Mit diesen Kräften baut ihr euch euer eigenes inneres Gefängnis, in dem ihr euch selbst gefangen haltet. Die Frage, die sich jetzt stellt, ist, wie lange ihr noch in dieser Gefängniszelle bleiben wollt, die Zellentüre ist nämlich offen!«

Nach fast fünfzehn Jahren in dieser Arbeit mit ihm wird mir klar, wie präzise und liebevoll sich dieser gewaltige Erlösungsprozess in uns allen vollzieht. Es ist wie ein tonloser Ruf, der von ihm und seiner spirituellen Arbeit ausgeht. Immer mehr Menschen kommen und nehmen regelmäßig an seinen Zusammenkünften teil.

Wie ich es heute sehe, war seine gewaltige spirituelle Arbeit mit uns vor allem am Anfang sehr schwierig und heikel. Es war nicht einfach, Menschen zu einer Gruppe zusammenzufügen, denen man keine Übungen, keine Meditationen, keine Rituale und keine Mantras anbot, nichts für den Intellekt, nichts fürs Ego. Ich erinnere mich an Worte, die er damals benutzte, wie »das große Reinemachen« oder »die Klärung des Feldes«. Wir waren alle voller Vorstellungen und mystischer Hoffnungen, und jeder von uns wusste oder kannte etwas anderes vom spirituellen Weg, jeder war fest von sich und seinem Wissen überzeugt. Doch allmählich, sehr behutsam, aber kraftvoll, blies ein frischer Wind durch unser System. Die Missverständnisse wurden geklärt und zurechtgerückt und aufgelöst. Langsam wurde die gesamte Gruppe im wahrsten Sinne des Wortes in ein neues Licht gestellt und erst dann konnten wir mit der eigentlichen erlösenden, spirituellen Arbeit beginnen.

Mit großer Nüchternheit vermied er es in dieser Zeit, neue esoterische oder spirituelle Ideen in uns zu erzeugen Es ging nicht um einen vorübergehenden Kick und staunenmachende Geschichten, sondern um eine tiefe, innere Veränderung, die unwiderruflich vollzogen wurde. Mit viel Witz und Humor zerklopfte er unsere alten Denkmuster.

Ein neues Unterscheidungsvermögen

Die Vibration an den Zusammenkünften war manchmal so stark, dass ich am liebsten auf und davon gelaufen wäre. Für das Ego ist die Kraft nicht auszuhalten. Mein ganzes Leben hatte ich immer geglaubt, tief greifende

Veränderungen würden auf einen Schlag geschehen – der große Blitz. Hier wurde ich eines Besseren belehrt. Mario erklärte uns, Erfahrungen seien für das Ego, und da es in dieser erlösenden Arbeit um das Löschen von Ego-Kräften gehe, brauchten wir uns nicht mehr länger um Erfahrungen und Resultate zu kümmern. Das ist der große Unterschied zwischen seiner Arbeit und all den anderen, die ich früher kennengelernt hatte.

Dort wollte man oft schnelle Ergebnisse erzielen, man war auf der Suche nach außergewöhnlichen Erfahrungen und großen spirituellen Erlebnissen. Das war ganz nett, aber kaum war der Workshop vorbei, fiel man innerhalb kürzester Zeit wieder vollkommen in die alten Strukturen zurück und alles, was blieb, war eine blasse Erinnerung. Also hieß es, weiter, auf zum nächsten Kick, zum nächsten Workshop, zum nächsten Lehrer.

Mario hat sich immer gegen spirituelle Techniken, Praktiken und Übungen ausgesprochen, sehr zum Leidwesen vieler in dieser Richtung ambitionierter Zuhörer. Scherzend meinte er einmal: »Ich frage mich, ob Gott üben muss, um Gott zu sein?«

Schnell überhört man seine einfachen Aussagen und übersieht seine immense Tiefe. Das ist der Grund, weshalb er manchmal aus der Bibel zitiert: »Sie haben Augen und sehen nicht, sie haben Ohren und hören nicht!«

Irgendwann erzählte ich ihm von dieser großen, lähmenden Angst, die seit vielen Jahren Teil meines Lebens war. Er antwortete nicht darauf, ich wusste nicht einmal, ob er mir überhaupt zugehört hatte. Ein Jahr später fragte er mich ganz beiläufig, wo denn jetzt meine Angst sei? Tatsächlich, ganz unbemerkt hatte sie sich völlig aufgelöst – einfach so.

Der Innere Kreis

Als Mario die Inneren Kreis gründete und aktivierte, herrschte eine feierliche Atmosphäre. Es war eine Stimmung wie vor einem ganz großen Ereignis. Er fragte jeden von uns, ob wir denn auch sicher seien, dass wir diesen erlösenden Weg wirklich gehen wollten; wir sollten uns dessen bewusst sein, dass es sich hier nicht um irgendein esoterisches Spiel handle.

In diesem Augenblick wurde mir klar, dass meine Antwort unwiderruflich sein würde. Ich wusste, darauf hatte ich schon sehr lange gewartet. Als er dann dieses immense, grenzenlose Lichttor öffnete, lösten sich Raum und Zeit auf, und ich wusste, für mich gab es nur ein kraftvolles »Ja, ich will«. Tränen fingen an zu fließen, mein Wesen wurde bis ins Mark erschüttert. Der Liebesstrahl, der mich traf, war so süß und gleichzeitig so gewaltig und scharf, er durchdrang unmittelbar mein ganzes Wesen. Schattenhafte Begrenzungen und innere Verhärtungen wurden augenblicklich aus mir fortgespült und eine gewaltige Lichtsphäre öffnete sich in uns. Ich wusste, nie bin ich etwas anderes gewesen als DAS! Es war mein ureigenes Wesen, dem ich begegnete, ich war endlich nach Hause gekommen. In diesem Licht öffnete sich uns eine intuitive Wahrnehmung, ein neues Unterscheidungsvermögen, das es uns ermöglichte, das Falsche als falsch und das Wahre als wahr zu erkennen.

Wie ein Gärtner zupft er das innere Unkraut aus, wirkt auf allen Ebenen des Daseins und greift wenn nötig kraftvoll ein, mal streng, mal sanft, doch immer voller Liebe. Er ist wie ein Adler mit tausend Augen, ihm entgeht nichts! Behutsam weckt er das Wahre in uns und bringt es durch seine immense Liebe zur Entfaltung und zum Erblühen. Ich erinnere mich an eine Aussage von ihm, die sein Wirken beleuchtet: »Ich kenne euch alle ganz genau und doch weiß ich nicht, wer ihr eigentlich seid!«

Mein Leben ist recht normal geworden, ich bin seit Kurzem verheiratet und habe eine kleine Tochter. Mein Job macht mir Spaß und ich stehe mittlerweile mit beiden Füßen fest auf dem Boden. Ich habe Verantwortung für mein Leben übernommen. Immer mehr lasse ich von dieser spirituellen Arbeit, von diesem immensen Licht in mein Leben einfließen – ja, es ist die Basis meines Lebens geworden. Ich sehe, wie sich die Spinnweben der Konzepte, in denen ich gefangen war, vollständig auflösen. Wie ein sehender Blinder irrte ich früher in meiner eigenen Schattenwelt umher und verlor mich immer wieder in falschen Bildern und Vorstellungen.

Er ist das Licht der Welt. Durch ihn erkenne und erfahre ich, dass es nur ein universelles Licht gibt, das leuchtet, und in diesem Licht gibt es weder mich noch dich noch andere.

16. Seine Gnade bewirkt Wunder

Eva Jakobs – Deutschland

Es ist früher Winter, ein Morgen für mich als Hausfrau. Die Wochentage als Teilzeitarbeitnehmerin liegen hinter mir. So genieße ich heute die Ruhe und das Alleinsein. Ein Blick durchs Fenster, ich schaue hinaus in diesen kalten Novembertag. Schneeflocken wirbeln und graue Wolken jagen vor die Sonne. Nach innen wandert der Blick zu den Bildern aus der Erinnerung: Elf Jahre ist es her, seit ich Mario Mantese das erste Mal begegnet bin. Ich steckte in einer schweren Lebenskrise und wusste weder ein noch aus, so sehr war ich in Gedanken und Emotionen verstrickt.

Wer konnte mir da helfen? Damals war ich Anfang dreißig, Lebensfragen versuchte ich mit einer Gruppenpsychotherapie zu lösen, doch ich geriet immer tiefer und tiefer in Probleme, Angstzustände und in eine große Unruhe. Ich fand keinen Schlaf mehr und brachte eine Woche lang keinen Bissen mehr über meine Lippen. Wenn ich zurückdenke, es war die dunkelste Zeit meines Lebens. Ich war Opfer innerer zerstörerischer Vorgänge, die fortwährend Scham, Selbstkritik, Verzweiflung und tiefe Verunsicherung erschufen. Ich suchte Rat und Hilfe bei Freunden. Sie erzählten mir von Mario und ermutigten mich, ihn anzurufen. Sie hatten ihn sprechen hören und waren fest davon überzeugt, dass er Zugang zu großer Kraft und Heiligkeit habe.

Wie fremd, eine ausländische Telefonnummer zu wählen und sich mit solch einer großen Herzensnot an einen Unbekannten zu wenden. Und wie gut, dass es diese Nummer gab. Das Gespräch mit ihm damals war kurz und verblüffend und ich habe dabei herzlichst gelacht. Er lud mich ein, an seinen Zusammenkünften teilzunehmen, er erklärte, dass seine Arbeit dort stattfinde. Die Entscheidung, ob ich mit der Therapie fortfahren oder sie abbrechen solle, diese Entscheidung müsse ich selbst treffen, sonst wäre unser Gespräch umsonst gewesen.

In einem Vorort von München fand das nächste Zusammentreffen statt. Es waren viele Menschen da. Ich war neugierig, diesen Menschen zu sehen, den ich bisher nur am Telefon gesprochen hatte. Mein Herz machte einen Hüpfer, als ich ihn zum ersten Mal sah. So viel Güte sprach aus seinen Augen. In den Zeiten der Stille zwischen den Vorträgen spürte ich eine innere Lösung meiner großen Angespanntheit, und viele leise Tränen fanden den ganzen Tag über ihren Weg nach draußen. Ich erhielt für meine innere Suche nach Sinn, Lebendigkeit, Leichtigkeit, Glück und Liebe eine Richtschnur in die Hand, die ich bis heute nicht mehr losgelassen habe.

Ich fragte ihn nach dem Sinn des Lebens.

F: Was ist der Sinn des Lebens?

MM: Zu erkennen, dass es Unsinn ist, nach einem Sinn des Lebens zu suchen, da die Suchende selbst illusorischer Natur ist. Die Suchende sucht sich selbst und wenn sie tief in sich selbst schaut, findet sie nichts. Es gibt nichts zu finden, da sie das, was sie sucht, ist!

F: Das verstehe ich überhaupt nicht.

MM: Wann sucht man nach dem Sinn seines Lebens, doch nur, wenn einen etwas beschäftigt. Wenn man unglücklich, unzufrieden oder gelangweilt ist, dann fragt man sich, was hat das alles für einen Sinn? Doch wer ist dieses Ich, das nach dem Sinn des Lebens fragt und sucht, wer ist dieses Ich, das leidet?

F: Es gibt so viel Schlechtes in dieser Welt, da scheint mir die Sinnfrage doch gerechtfertigt zu sein.

MM: Es gibt nichts Gutes oder Schlechtes in dieser Welt, außer man denkt und tut es. Doch das Gute ist nie ganz gut und das Schlechte nie ganz schlecht. Was wäre, wenn es das, das Gutes und Schlechtes denkt und tut, plötzlich nicht mehr gäbe? Wer ist es, der gut oder schlecht denkt und dementsprechend handelt?

F: Ich denke gut und schlecht und handle danach.

MM: Würdest du mir bitte dein Ich genauer beschreiben, wie groß ist es und welche Farbe hat es?

F: Du nimmst mich auf den Arm.

MM: Warum? Du hast mit einer solchen Bestimmtheit gesagt: »Ich habe gute und schlechte Gedanken«, sodass ich annehmen muss, dass du dein Ich sehr gut kennst.

F: So genau kann ich das wohl nicht sagen. Ich muss gestehen, du verwirrst mich. Solche Fragen hat mir bisher noch niemand gestellt. Hilf mir, klar zu sehen, ich spüre, dass es wichtig ist.

MM: Du identifizierst dich mit deinen Gedanken und deinen Handlungen, daher bist du davon überzeugt, dass du die Handelnde bist und folglich für dein Tun verantwortlich. Jede deiner Handlungen ist für dich als eine Manifestation wahrnehmbar. Doch wer ist die Wahrnehmende, wer die Handelnde?

F: Ich.

MM: Wie du selbst herausgefunden hast, ist dieses Ich nicht etwas real Existierendes, sondern bloß eine Spiegelung im Bewusstsein. Die Welt, wie du sie siehst, existiert nur als Wahrnehmung. Weil du dich mit dem

Wahrgenommenen identifizierst, bist du fest davon überzeugt, dass deine subjektiven Wahrnehmungen und Interpretationen wirklich und wahr sind. Doch was auch immer du durch deine Sinne wahrnimmst und was dein Verstand interpretiert, es sind nur Erscheinungen im Bewusstsein, ausgedehnt in Raum und Zeit. Das wahrnehmende Objekt wie auch das wahrgenommene Objekt sind bloß Vorstellungen. Deine Hoffnungen, Wünsche und Ängste sind nichts als Träume. Sie entstehen, wenn du von Sinnesberührungen träumst. Die Frage nach dem Sinn des Lebens und die Vorstellung von Gut und Böse sind bloß Gedanken, Konzepte, entstanden durch Missverständnisse und Täuschungen. Du bist nicht das, was du dir vorstellst. Du bist die Totalität, du bist das allgegenwärtige Dasein, und doch möchtest du dich selbst erkennen. Welche Art Hilfe ist nötig, damit du dich selbst erkennst? Du möchtest dich selbst als etwas Neues erleben, doch das, was du wirklich bist, ist ewig dasselbe. Du suchst dich selbst außerhalb von dem, was du selbst bist, und hoffst, dort einen Sinn zu finden. Das scheint mir ziemlich unsinnig, findest du nicht auch? Bleibe entspannt und erkenne, dass diese Klarheit die Illusion, ein Körper außerhalb der Totalität zu sein, beseitigt. Du suchst nach absolutem und dauerndem Glück, doch das wohnt nicht in den Objekten, sondern im Absoluten. Dies zu realisieren ist sinnvoll.

Seine Worte hatten mich nach Hause gebracht, mein Kopf war leer, mein Herz voll.

Seine Worte sind Kraft

Viele Reisen nach München und in die Schweiz folgten und die Beklommenheit, unbekannt zwischen den vielen Leuten zu stehen mit all meinen Einsamkeits- und Unzulänglichkeitsgefühlen, wandelte sich im Laufe der Zeit zu einer großen Selbstverständlichkeit, vielen Freundschaften und einer tiefen Verbundenheit. Die Zusammenkünfte bedeuten stets eine große Anstrengung. Viel Aufmerksamkeit und Wachheit sind nötig, um den Gefühlen und Emotionen, die sich melden, zu begegnen und sie zu verkraften. Kopfschmerz, Übelkeit, Müdigkeit, all das gab es. Doch jedes Mal trafen mich Worte, die mir Klarheit und Wahrhaftigkeit verschafften. Manchmal erschien er mir fremd: der Mann, der da vorne saß und zu uns sprach, den ich oft nicht verstand. Einmal weiteten sich meine Augen und ich nahm ihn als ganz alten Mann wahr, der mit all seinem Herzblut und jeder Faser seines Seins auf uns einredete – mit dem mächtigen Anliegen der Liebe und der Klärung für uns. Ein anderes Mal, während des gemeinsamen Stillseins, verschwammen mir alle Grenzen der normalen Körperwahrnehmung, einzig das Gefühl strömender Energie war vorhanden, ich fühlte mich wie eine reine, süße Frucht, die aufbricht.

Doch diese Zeiten der Hochstimmung, die auch noch Tage und Wochen nach den Treffen nachklang, vergingen auch wieder. Mir ist, als ob immer mehr Verantwortung in meinen eigenen Händen liegt. Somit kehrt Nüchternheit und Stille ein und gleichzeitig die tiefe Gewissheit, gemeinsam auf dem richtigen Weg zu sein. Der Hang zur Niedergeschlagenheit, all die dunklen negativen Gedanken, sie haben sich im Laufe der Zeit in nichts aufgelöst.

Ein Kind wartet auf uns

Was war aus meinem starken, lange nicht erfüllt gebliebenen Wunsch nach einem Kind geworden? Denn ohne ersichtlichen physischen Grund waren mein Mann und ich zu zweit geblieben. Das Sehnen nach einem Menschen, der noch zu uns gehören möge, ließ mir keine Ruhe, sodass ich Mario von diesem innigen Wunsch schrieb. Beim nächsten Seminar rief er mich zur Seite und nahm mich an der Hand. Mein Herz schlug ruhiger, ich war bereit für jede Antwort. Er sagte zu mir, dass unser Kind schon auf uns warte. Es könne ein kleiner Junge sein, wir müssten nicht weit nach ihm suchen. Das Kind sei ganz in der Nähe, wo wir wohnten, wir sollten es holen und adoptieren. Es sei unser Kind, wir sollten nicht zu lange warten. Wie gut, dass auch mein Mann einverstanden war mit diesem Weg zur Elternschaft. Bei den Ämtern trafen wir auf sehr nette und entgegenkommende Menschen, die bereit waren, uns zu helfen, zu unserem Kind zu kommen. Zehn Monate des Wartens und der Prüfungen, und dann am ersten Tag der Sommerferien war es so weit: Ein Anruf vom Jugendamt, wir standen in der Kinderklinik und bestaunten den winzigen zarten Menschen. Ab jetzt war sie da, unsere kleine Tochter. Wir konnten sie hegen und kennenlernen und über alles Geschehene staunen. Unser Mädchen ist gesund und munter, geht schon zur Schule, will gerne auf Bäume klettern und Fußball spielen, nein, keine Spange im Haar ... Welch ein Segen, meine Herzenswünsche erfüllt zu bekommen, welch eine Gnade!

Eines Tages im Anschluss an eine Begegnung in München wurde mir klar, wie tief das Gefühl des Misstrauens noch in mir steckte – das hat mich sehr erschüttert. Es war, als ob eine alte Wunde aufbräche, und ich wusste, dass nur von innen Heilung passieren könnte. Später hatte ich die Gelegenheit, an einem Darshan teilzunehmen. Neugierig, was das wohl für eine Art von Zusammentreffen sein möge, ging ich hin. In aller Stille saßen viele Menschen um ihn und einer nach dem anderen durfte sich kurz vor ihn setzen und sich von seinen warmen Augen berühren lassen. Als ich mit Herzklopfen vor ihm saß, erfasste mich ein sehr tiefes Vertrauen in diesen Menschen, der immer für uns alle da ist. Von dem Moment an entfaltete sich in mir Vertrautheit und Unmittelbarkeit zu mir selbst, etwas Tiefes war geschehen.

Hilfe aus der Ferne

Doch auch schwere Zeiten gab es in den letzten Jahren. Meine Schwester erblindete auf Grund eines ärztlichen Kunstfehlers. Lange war nicht klar, ob sie den allergischen Schock überleben würde. Wieder habe ich zum Telefonhörer gegriffen, um Rat und Trost bei ihm zu suchen. Er konnte mir sogleich sagen, dass sie mit Sicherheit überleben werde, doch nun ihr Leben total umkrempeln müsse. Alles veränderte sich durch diesen Schicksalsschlag. Eine große Kraft entfaltete sich in ihr und das Leben zeigt sich in vieler Hinsicht klarer und positiver als zuvor.

Auch sie hat in dieser schweren Zeit mit ihm Kontakt aufgenommen und innerlich Hilfe und Unterstützung erhalten. Das Wissen, dass ich mich mit allen tiefen Fragen an jemanden wenden kann, von dem immer Beistand und Antwort kommt, gibt mir Zuversicht und Gewissheit, und daraus erwächst die Kraft zum tiefen Schauen.

Eines Nachts während des Schlafes geschah etwas Schlimmes! Etwas war im Begriff, von mir Besitz zu nehmen, versuchte, diesen Draht der Unmittelbarkeit zu mir selbst zu zerschneiden. Es war kein Traum, oft erinnere ich mich an meine Träume, kann ihnen manchmal eine Wende geben oder mich aus ihnen aufwecken. Doch dieser war völlig anders. So einer Schwärze, die sich über mich legen wollte, war ich noch nie begegnet. Die einzige Regung, zu der ich noch fähig war, war, an Mario zu denken und ihn um Hilfe zu rufen. Dies hat sofort funktioniert, ich bekam wieder Luft und Freiheit und konnte erwachen. Was für ein Abenteuer und was für ein Begleiter!

Wie gerne hätte ich ihn auch einmal außerhalb der Seminare getroffen und gesprochen. Noch erfüllte mich eine Scheu, ja fast eine Angst in der direkten Begegnung mit ihm. Autoritätsängste schleppe ich schon seit meiner Kindheit mit mir herum, auch sie galt es nun allmählich zu erlösen. Mit ein paar Freunden, die ebenfalls in seiner Arbeit sind, haben wir vor vielen Jahren nachgefragt, ob wir ihn einmal bei ihm zu Hause in der Schweiz besuchen dürften. Zu unserer Freude sagte er zu. So kamen wir auf zwei wunderschöne Tage zu ihm. Es war Frühling, wir spazierten unter großen Bäumen und saßen in Cafés. In einem vornehmen Restaurant wurden wir zum Essen eingeladen. Eine glasierte Zwiebel fand ihren Weg von seinem Teller in meinen Teller, ganz wie unter Freunden üblich.

Stundenlang haben wir ihm zugehört und Fragen gestellt und ganz tief versunken bin ich in seinen Augen.

An seinem bestickten Hemd war ein Knopf in der Reihe nicht zugeknöpft; ein ganz normaler Mann mit Vorliebe für Schokolade und Lachen. Eine Liebe und Freundschaft, um die es nicht zu ringen gilt – sie ist immer da, die immense Liebe dieses Menschen.

17. Gebete wurden erhört

Gilda Stefanelli – Italien

Viele Male hatte ich gebetet und gehofft, einen Menschen zu treffen, dessen Herz voll Licht und Liebe wäre, einen Menschen, der mich aus meinem inneren Schmerz, der Hoffnungslosigkeit und der nicht klar verstandenen Spiritualität herausführen könnte. Unfassbar, meine Gebete wurden erhört, und alles, was ich mir gewünscht und erhofft hatte, erfüllte sich. Die Schicksalskräfte führten mich zu Mario Mantese, zu diesem Menschen, der die Verkörperung der Liebe, Schönheit, Güte und der Klarheit ist. Durch ihn offenbaren sich in unvorstellbarer Herrlichkeit göttliche Kräfte, Gnadenströme, die die Menschen erwecken, heilen und transformieren.

Eines Tages rief mich eine Freundin an, sie sagte, dass sie etwas für mich habe und mir das gerne persönlich überreichen wolle. Sie erzählte nur von einem Anmeldeformular für ein Seminar, die Einzelheiten wollte sie mir später erklären. Es war ein wunderschöner Herbsttag, als wir uns trafen. Die Blätter der Bäume leuchteten in den verschiedensten bunten Farben und das klare Licht beleuchtete die ganze Landschaft. Alles war zum Greifen nah, so wie das eben nur im Herbst vorkommt. Der tiefblaue, wolkenlose Himmel bildete einen perfekten Kontrast zu diesem lebendigen Bild.

Wir setzten uns in ein kleines Restaurant und meine Freundin holte die zwei Informationsblätter für diese Zusammenkunft, von der sie mir kurz erzählt hatte, hervor und legte sie vor mir auf den Tisch. Ich ließ sie vor mir liegen, ich wollte zuerst spüren und in mich hineinhorchen. Doch in dem Augenblick, als ich sie in die Hand nahm, berührte mich eine gewaltige Kraft. Ich spürte, wie sich der Raum in meinem Herzen öffnete und sich sogleich ein großes Licht in mir ausbreitete. Ich wusste sofort, das ist es, auf das ich so lange gewartet habe. Ohne zu zögern, meldete ich mich an.

Dann war es endlich so weit. Ich saß an der Zusammenkunft und sah ihn mit eigenen Augen vor mir. Mein Herz brannte und jauchzte, meine Gebete hatten sich erfüllt. Mein Herz öffnete sich wie eine Blume in der Sonne, aufmerksam lauschte ich seinen tiefen Worten. Eine Frage stieg in mir hoch, ich überwand mich, sie trotz der vielen anwesenden Menschen zu stellen. Ich war damals gesundheitlich angeschlagen und erhoffte mir Hilfe.

F: Ich habe gehört, dass in deiner Anwesenheit viele Menschen von schweren Krankheiten und Leiden geheilt worden sind, Werden alle geheilt?

MM: Ich bin nichts und niemand. Ich weiß nicht, was du mit deiner Frage »ob alle geheilt werden« meinst? Dinge geschehen, weil sie geschehen, und nicht, weil einer da wäre, der etwas tut. Die Anwesenheit, von der du sprichst, musst du richtig verstehen, denn sie hat mit Sicherheit nichts mit einem Individuum, einer Persönlichkeit zu tun. Anwesenheit ist Totalität. Viele Menschen kommen zu diesen Zusammenkünften mit Erwartungen und unzähligen Vorstellungen. Man möchte etwas von mir, aber wie kann ich etwas geben oder nehmen, da ich so, wie du dir das vorstellst, gar nicht existiere. Weil ich abwesend bin, bin ich anwesend.

Heilung ist Heiligung, doch Heiligung hat nichts mit Krankheit und Gesundheit zu tun. Krankheit und Gesundheit beziehen sich auf den Körper, aber was geschieht, wenn du plötzlich realisierst, dass du nie der Körper warst, sondern als solcher nur vorübergehend auf der relativen Ebene des Wachzustandes erscheinst? Im Tiefschlaf existiert kein Körper, keine Krankheit und keine Welt, und doch bist du anwesend; du, das reine Bewusstsein.

Diese Ausdrucksmöglichkeiten, die die Wach- und Traumwelt projizieren, befinden sich während des Schlafes im Ruhezustand. Du bist die Essenz, das reine Bewusstsein, in dem die Welt erscheint und vergeht. Ewig unberührt von den Regungen und Erscheinungen im Geist bist du universelle Fülle und strahlende Präsenz.

Die Körpererscheinung ist Hitze, Kälte und anderen Einflüssen ausgesetzt. Manchmal ist der Körper schwach, manchmal stark, manchmal krank und gebrechlich, dann wieder gesund. Er setzt sich aus vielen Billionen Zellen zusammen, die sich unaufhörlich verändern. Ununterbrochen sterben Zellen und werden durch neue ersetzt. Diese gewaltige Aktivität geschieht, ohne dass du dir dessen bewusst bist. Wenn du dich heute Abend ins Bett legst und am nächsten Morgen erwachst, dann ist dieser Körper nicht mehr derselbe Körper, den du am Vortag hattest. Wenn du sagst »Ich bin der Körper«, meinst du damit den von gestern, den von heute oder den von morgen? Was meinst du mit «Ich bin krank«?

Menschen kommen zu diesen Zusammenkünften, um Klarheit in Bezug auf sich selbst zu erlangen und um das Licht der unpersönlichen Anwesenheit zu erfahren. Dadurch ent-decken sie sich selbst. Dieses Entdecken ist Heiligung und durch sie geschieht Heilung, auch körperlich.

Siehst du, die Welt ist nicht außen, die Eindrücke können ihren Ursprung nicht außen haben, da die Welt nur durch ein Bewusstsein erkannt werden kann. Erkenne, was du wirklich bist, dann bist du wirklich gesund.

Wie Lichtstrahlen waren seine Worte in mich eingedrungen und öffneten mir einen Raum voller Klarheit und heiterer Gelassenheit. Während des ganzen Tages spürte ich einen immensen Frieden, meine Ängste und Unsicherheiten zerflossen. Am Ende des Tages war ich sehr aufgewühlt und von Lichtkraft durchtränkt. Ich sah dieses immense Wesen vor mir stehen und war tief berührt von seiner außerordentlichen Einfachheit. Er stand an der Türe und verabschiedete sich von uns. Still reichte er jedem Einzelnen seine Hand, eine Hand voller Magie, voller Liebe und heilender Kraft, eine Hand voller Gaben und universeller Fähigkeiten. Diese stille Hand reichte er jedem Einzelnen von uns, und wir verstanden.

Obwohl ich immer ein positiver Mensch war, der versuchte, es allen recht zu machen, brachte dieser Weg des Lichtes mit ihm immer mehr meine eigenen Verstrickungen und Unklarheiten zum Vorschein. Viele alte, ungelöste Probleme, verdrängter Schmerz, Enttäuschungen und Ängste wurden in mir hochgeschwemmt, doch jetzt hatte ich die Kraft, sie zu betrachten und zu durchschreiten. Langsam lösten sie sich in diesem Licht der Liebe auf, in diesem Licht der Liebe, das in so unermesslicher Herrlichkeit von ihm ausstrahlt. Dies waren die Resultate, die sich von Seminar zu Seminar immer klarer zeigten. Ich spürte, dass ich eingebettet war in diese stille heilige Energie, die diese erlösende Arbeit vollbrachte. Eine neue Klarheit erwachte in mir. Ich konnte endlich die Dinge sehen, wie sie wirklich sind, und nicht so, wie ich sie mir vorgestellt hatte oder wie ich konditioniert worden war, sie zu sehen.

Am ersten Intensiv-Seminar, das ich besuchte, bekam ich einen weiteren tiefen Eindruck von der Unbegrenztheit seines Wesens. Plötzlich hörte ich laut und deutlich eine Stimme, die innerlich zu mir sprach: »Wir nehmen dich mit ins ewige Licht.« Ich war zutiefst erschüttert von diesen Worten, und dies, weil sie mit einer unbeschreiblichen Liebeskraft geladen waren, einer Energie, die jede Zelle von mir vollkommen durchtränkte. Es war eine Stimme, die mich im Licht und in der Liebe willkommen hieß, eine Stimme voller Klarheit und Unerschütterlichkeit. Es war dieselbe Kraft, in die ich während des ganzen Tages eingehüllt war.

Jedes gesprochene Wort von ihm ist mit ungeheurer göttlicher Kraft geladen, ist Ausdruck einer tiefen Logik, einer subtilen Transparenz und einer unermesslichen Intelligenz und eröffnet uns neue universelle Perspektiven. Dadurch werden wir uns allmählich dessen bewusst, was wir wirklich sind, und dessen, was wir wirklich nie waren. Tiefe Dankbarkeit erfüllte mich. Auf diesem Weg des Lichtes und der Liebe mit ihm löste sich mit der Zeit meine tiefe Einsamkeit auf. Bewusst erkenne ich allmählich, dass ich in einem neuen inneren Grenzenlosen erwache, darin atme und bin.

Es ist erstaunlich, wie es mir in diesem liebevollen Licht, das ich so stark in meinem Herzen fühle, plötzlich möglich ist, schwierige und dunkle Momente in meinem Leben mit immer größerer Klarheit und Leichtigkeit zu überwinden. Ich nehme mich immer mehr als das wahr, was ich wirklich bin. Immer mehr sehe ich eine unvergängliche Existenz in mir leuchten. Ich bin zutiefst erstaunt, dass sich solch ein Glanz, solch eine Herrlichkeit und Gnade für uns offenbart. Jahre zuvor hatte ich die Bibel studiert und ein Abschnitt aus dem Johannes-Evangelium ist mir immer in Erinnerung geblieben. Jene Worte, die ich damals gelesen hatte, werden für mich durch Mario lebendige Wirklichkeit: »Wahrlich, wahrlich, wenn jemand nicht aus Wasser und Geist geboren wird, kann er nicht in das Reich Gottes eingehen. Was aus dem Fleisch geboren wird, ist Fleisch, und was aus dem Geiste geboren wird, das ist Geist. Ihr müsst euch nicht wundern, wenn ich diese Worte zu euch sage! Ihr müsst von Neuem geboren werden. Der Wind weht, wohin er will, und du hörst sein Sausen, aber du weißt nicht, woher er kommt, noch, wohin er geht. So wie der Wind ist ein jeder, der aus dem Geist geboren ist.« Genau dieses Von-Neuem-geboren-Werden erlebe ich in den Inneren Kreisen dieser spirituellen Arbeit.

In dem Zusammenhang erinnere ich mich, als er uns einmal sagte, dass wer wirklich überwinde, genau das realisiere, was in der Bibel stehe, nämlich: »Ich sah einen neuen Himmel und eine neue Erde, und der alte Himmel und die alte Erde waren nicht mehr.«

Dieser Mensch, von dem so viel Licht, Liebe und Güte ausgehen, ist wahrlich ein universeller Mensch. Ihm begegnet zu sein bedeutet für mich, den Weg aus dem Schatten in die Sonne zu gehen, in eine Sonne, die das Herz wärmt, die erleuchtet, heilt und Kraft gibt. Eine Sonne, die Leiden, Missverständnisse und Konzepte löscht und ein reines, strahlendes, unbeflecktes Bewusstsein offenbart. Dieses Licht hilft mir, klarer, bescheidener und liebevoller zu sein, und es eröffnet mir den Einblick in eine objektive Realität, in das, was ich wirklich bin. So entdecke ich die wirkliche, unermessliche Schönheit des Lebens und die Veredelung meines Herzens. Theorien und Halbwahrheiten weichen und machen Platz für dieses Fließen, für diesen unbegrenzten Raum, für diese immense Klarheit und Liebe – diesen Raum, wo es kein Ich und kein Du gibt, nur Liebe für alles, was ist und existiert.

Mario Mantese ist wie eine Sonne. Sein Leuchten, seine Güte und Liebe und seine gewaltige Ausstrahlung durchdringen alle Mauern, alle Ozeane, alle Sterne und Sonnensysteme, sie durchdringen das Größte wie auch das Kleinste. Seine Liebe ist das Licht der Welt, ist der Glanz des Universums. Durch ihn sehe ich, dass diese eine ewige, untrennbare Einheit wirklich existiert. Jeder Grashalm, jedes Lachen, jede Bewegung zeugen davon. Ihm zu begegnen heißt, der Gnade zu begegnen, der Gnade, durch die wahre Wunder geschehen.

18. Niemand ist geboren, niemand stirbt

Marlou Klein – Deutschland

Der Mann, mit dem ich fast fünfundzwanzig Jahren verheiratet gewesen war, war gestorben. Ich hatte ihn beerdigt, seine Geschäfte erledigt und die Angelegenheiten für meine Zukunft geordnet. Erstmals in meinem Leben hatte ich plötzlich viel Zeit und diese war angefüllt mit einem Ozean von Trauer und dem Gefühl des Verlassenseins. Um der Leere meines Herzens zu entfliehen, reiste ich sehr viel herum. Doch kein noch so exotisches Traumziel ließ mich wirklich irgendwo ankommen oder konnte mich trösten. Des vielen Reisens endlich müde hoffte ich, in Indien Frieden zu finden. Dort hörte ich zum ersten Mal von Mario. Ich hing in einem Ashram herum und langweilte mich. Zu der Ergriffenheit all der Menschen um mich herum hatte ich absolut keinen Zugang. Im Gegenteil, in meinem Kopf lief so etwas wie ein Endlos-Tonband, ich hörte eine Stimme in mir sagen: »Was tust du hier? Dich habe ich nicht hierhergerufen.« Irgendwie empfand ich diese Worte fast als Beleidigung.

Die Wege des Herrn sind wahrlich unergründlich! Wenn ich daran denke, wie ich auf die leuchtende Fährte von Mario Mantese gesetzt wurde, dann kann ich nur staunen, mit welcher Präzision und Großartigkeit dies geschehen ist. Es scheint, als ob lang vorbereitete Geschicke und schicksalhafte Vorbestimmungen mich – vielleicht wieder – zu ihm geführt haben. Nur, die Begegnung mit ihm war gewiss keine weiche Landung.

Eine Frau, die ich auf dieser Reise kennengelernt hatte, gab mir ein langes ausführliches Interview von ihm zu lesen. Ich las es immer und immer wieder. Immer stärker fesselten mich seine tiefen Worte und die ihnen innewohnende Kraft. Ich hatte ihn bereits in Fernsehauftritten gesehen und seine Schilderungen und Einsichten zum Thema »Leben nach dem Tod« hatten mich beeindruckt. Doch jetzt in diesem Interview erfuhr ich, dass er auch Seminare gab. Ja, der Tod war es, der mich beschäftigte. Mein Mann war gestorben, doch es gab sonderbare Anzeichen, dass er nicht wirklich gegangen war. Für viele, die ihn kannten, war er zu spüren. Ich dachte, dass ich mir vielleicht in meiner Trauer nur einbildete, dass mein Mann auf einer anderen nichtphysischen Ebene weiterlebte, doch dass dies auch andere Menschen spürten, das war für mich schon sehr seltsam. »Wo sind unsere Toten, was ist der Tod eigentlich?« Fortwährend beschäftigten mich diese Fragen, doch ich fand keine konkreten Antworten. Und nun las ich in diesem Interview von ihm: »Es gibt keinen Tod!« Das fand ich noch seltsamer, denn mit dem Tod war ich gerade sehr hart konfrontiert worden. Wie dem auch sei, je mehr ich seine Worte las, umso mehr fühlte ich einen geheimnisvollen Sog. Die Leuchtspur, der ich folgen sollte, war gelegt – nur war ich mir dessen in meinem von Kummer vernebelten Denken noch nicht bewusst.

An der ersten Zusammenkunft – nicht wirklich wissend, welches Wesen da vor uns auf dem Podium saß – hatte ich nur einen Gedanken: »Nichts wie weg von hier.« Denn als er anfing zu sprechen, wurde mir beinahe übel von dem schmerzhaften Druck im Oberbauch und in der Herzgegend. Es war nicht der Klang seiner Stimme oder die schwer verständliche Aussprache, nein, es waren diese gewaltigen Kraftwellen, die von ihm ausgingen. Sie pressten mich in den Sessel, verschlossen mir die Augenlider und machten es mir unmöglich, zu denken und zu handeln. Doch nach einer Weile ruhte ich in tiefem, sanftem Frieden. Mein Wesen war in die große Stille eingetreten. Die Gewissheit war da, diese große heilige Kraft benötigte keine Worte.

Zu nah am Feuer

Am Vortag, meine Freundin Gisela und ich stiegen soeben aus dem Zug, war ich ihm und seiner Lebenspartnerin zum ersten Mal begegnet. Gisela stellte mich ihm vor, dabei schaute er tief in meine Augen, durch mich hindurch und über mich hinweg. Der Hauch der Ewigkeit war einen Lidschlag lang zu fühlen. In der darauffolgenden Nacht – wir wohnten im selben Hotel und unter demselben Dach wie er – machte ich im Traum die Erfahrung seiner Jenseitsreise. Später, als ich sein Buch »Vision des Todes« las, stellte ich erschrocken fest, dass mir das meiste schon bekannt war. Obschon ich während des Traumes ständig wusste, dass es sich um sein Todeserlebnis handelte, war ich von diesen Qualen am nächsten Morgen völlig erschöpft. Beim Frühstück saß er am Nachbartisch. Ich beschwerte mich wegen dieses Erlebnisses bei ihm, er aber lachte und fand das absolut in Ordnung. Er meinte nur: »Menschen, die sich zu schnell und zu unvorsichtig dem großen Feuer nähern, machen manchmal merkwürdige Erfahrungen. Wer dem Feuer zu nahe kommt, erträgt die Hitze nicht, und wer sich zu weit von ihm entfernt, den friert es.«

Als ich nach der Zusammenkunft auf dem Heimweg war, spürte ich so gegen zehn Uhr morgens einen leichten Schlag in der Magengrube. Aha, dachte ich, Mario bei der Arbeit. Diese Erfahrung wiederholte sich über mehrere Monate immer wieder um dieselbe Zeit. Trotzdem, ich verstand sehr lange nicht, um was es eigentlich konkret bei diesen Zusammenkünften ging. Eines jedoch wusste ich mit Sicherheit, von nun an würde alles anders werden. Langsam und sachte veränderten sich die Dinge in mir und dadurch auch mein Alltag. Mein Lebensgefühl und die Lebensumstände wurden in eine klärende, liebevolle Richtung geleitet.

Wie das Blut, so das Bewusstsein

Die große Präsenz und die allumfassende Liebeskraft, die er verkörpert, zeigen sich immer wieder in sehr konkreten und ungewöhnlichen Belehrungen. Ich erinnere mich an eine Situation, als ich mit Freunden in einem Café beim Frühstück saß. Gerade biss ich in ein Brötchen mit Blutwurst, da ging ein starker Ruck durch meinen Körper und eine Stimme polterte laut und gewaltig in mir: »Was tust du da? Und auch noch Blutwurst! Was habe ich dir gesagt, Blutszustand ist Lebenszustand!« Der Bissen, den ich im Mund hatte, flog in hohem Bogen heraus. Mit vorgehaltener Serviette konnte ich gerade noch elegant einen Hustenanfall vortäuschen, denn meine Freunde forderten eine Erklärung. Von diesem Tag an habe ich nie mehr Fleisch gegessen.

Solche unmittelbaren Belehrungen kamen immer wieder vor und auch auf der Traumebene setzten sie sich fort. Es waren Wachträume, die nicht abstrakter Art waren, sondern sehr konkrete, sehr fassbare Belehrungen. Ich war von diesen Ereignissen fasziniert. Schon dachte ich, dass ich am Ende gar etwas Besonderes sei. Doch ein Anruf bei ihm reichte, unsanft und nüchtern brachte er mich auf den Boden der Realität zurück. Er meinte nur, dass das ureigenste Sosein sich manchmal auf diese Weise unpersönlich ausdrücke, und man solle solche Erfahrungen nicht überbewerten. Eine Erfahrung sei ein momentanes Ereignis, das nicht Erinnerung werden sollte. Auf dieser Gesprächsebene bleibt er immer unnahbar, er lässt sich nie auf Diskussionen oder konkrete Erklärungen ein. Später erkannte ich, dass diese Ereignisse nicht für die Persönlichkeit gedacht sind, sondern für die Erlösung derselben. Doch diese plastische Bildersprache, mit der er uns auf dieser anderen Ebene belehrt, ist oftmals sehr ernst und von grandioser Schönheit und Würde.

Erscheinungen des Lichtkörpers

Bei einem Seminar, wir waren gerade alle gemeinsam in die Stille gegangen, öffnete sich vor meinem inneren Auge eine Art Breitwandbildschirm. In einem gewaltigen Rauschen und Dröhnen schien sich der gesamte Kosmos zu einem einzigen Punkt zusammenzuziehen und aus diesem Punkt quoll ein Bild: Es war Mario, es war sein Gesicht inmitten einer strahlenden Sonne. Dieses Bild war lebendig und gleichzeitig roch es in mir nach Verbranntem. »Wie seltsam«, dachte ich, »das gibt es doch gar nicht, und der Brandgeruch kommt bestimmt aus der Klimaanlage.« Da sagte seine Stimme laut und deutlich in mir: »Zweifle nicht!« Ich dachte: »Mein Gott, der meint mich!« – »Ja, dich meine ich«, sagte er abermals und mit großer Kraft. Man kann sich vorstellen, wie mich dieses Erlebnis nachhaltig erschüttert hat. Nach dem Seminar konnte ich ihm noch eine Frage stellen.

F: An deinen Zusammenkünften empfinde ich deutlich, dass alles eins ist, doch zurück im Alltag entgleitet mir dieses Gewahrsein wieder und ich bin eingenommen von der täglichen Arbeit, von Konflikten und Stress. Warum ist es mir nicht möglich, in diesem reinen Gewahrsein zu bleiben?

MM: Kein Mensch hat eine unabhängige Existenz, das gesamte Universum ist lediglich eine Traumerscheinung im Bewusstsein. Die Welt, die du durch deine Sinne wahrnimmst, verändert sich unaufhörlich, sie ist keinen einzigen Moment dieselbe. Körper erscheinen und vergehen, jeder Moment ist neu. Es ist nicht so, dass es diese Welt nicht gäbe, sie existiert sehr wohl, aber nur als Erscheinung im Bewusstsein und als Gesamterscheinung, als Reflex des Unmanifestierten, Unbekannten.

Erkenne dich selbst! Durch Einsicht wird das relative Bewusstsein nicht zerstört, es geht in der Totalität auf. Du identifizierst dich mit der subjektiv wahrgenommenen Welt und bist fest davon überzeugt, dass alles, was du durch die Sinne wahrnimmst, wirklich existiert und wahr ist. Doch diese Wahrnehmungen sind nur Traumerscheinungen und in diesen suchst du nach Stabilität und nach Sicherheit. Die Träumende träumt von Haben und Verlieren, von Sein und Nicht-Sein. Doch sowohl das Subjekt wie auch das Objekt, der Träumer wie auch das von ihm Geträumte sind nur Erscheinungen in der Essenz.

Geh in dich selbst zurück, in den ursprünglichen Zustand. Finde heraus, was du warst, bevor du als ein Körper und die wahrgenommene Welt erschienen bist.

Von der absoluten Wirklichkeit aus gesehen, bist du weder der Körper noch die Welt noch das Bewusstsein, in dem alles erscheint und sich spiegelt. Du bist die Fülle Gottes! Wenn du das erkennst, ist dein Alltag »All-Tag« und du bist glücklich und zufrieden – das, was du immer warst.

Gigantisch war die Kraft, mit der er diese Worte ausgesprochen hatte. Sie bewirkten unmittelbare Klärung. Einmal mehr entdeckte ich seine unfassbare Tiefe. In den folgenden Zeiten fügte es sich, dass ich ihn oft in den verschiedensten Formen und energetischen Zuständen seiner selbst wahrnehmen sollte. Einmal zeigte er sich als junger, knabenhafter Lama. Er war in goldenen Ornat gekleidet und trug die typische Lamamütze. Obschon noch so jung, war er sich der großen Verantwortung, die er übernommen hatte, voll bewusst. Um ihn rankten goldene Blumen und, wie merkwürdig, auch die Luft um ihn herum war golden, sie schien zu leben. Sein Blick schien zu sagen: »Erkennst du mich nicht?«

Viele Monate später sah ich in einem Völkerkundemuseum dieses Bild als Bronzeplastik. Immer wieder empfand ich ihn als Person anders. Einmal war sein Gesicht von dunkler, fast bläulicher Farbe, dann wieder leuchtete es golden. Ein andermal war er in einen violetten Lichtmantel gehüllt, dann wieder in weißes, transparentes Licht.

Heilung von unsichtbarer Hand

Vor ein paar Jahren erkrankte ich an Brustkrebs und mein Weiterleben im Körper war mehr als fraglich. Es folgten schmerzhafte und gefährliche Therapien. Seine physische Präsenz und die ständigen Rückfragen an ihn in meinem Innern und auch am Telefon, seine ununterbrochene Begleitung und seine Liebe halfen mir, diese äußerst schweren Zeiten zu überstehen. Als sich dann herausstellte, dass nicht alles operativ erfasst worden war, geschah etwas Wunderbares. Eines Nachts befand ich mich wieder in diesem merkwürdigen Wachsein und dem Wissen, dass mein Körper schläft. Plötzlich wurde mein Leib innen ganz hell und weit und ich sah in meinem Blut die kranken Zellen schwimmen. Gleichzeitig konnte ich beobachten, wie diese Zellen von einer unsichtbaren, leuchtenden Hand aus meinem Blut gefischt wurden und das befallene Krebsgewebe herausoperiert und entfernt wurde. Seitdem ist diese unendliche Sicherheit und Geborgenheit in mir. Egal, was noch geschehen mag, ich weiß: *ER IST DA!*

19. Die Türe ins Herz

Anja Giesen – Deutschland

Ich hatte meiner Freundin einfach nicht wirklich zugehört, als sie mich für die spirituelle Arbeit von Mario Mantese zu begeistern versuchte. Ihre Erklärungen waren für mich eher vage und nicht greifbar, nichts bewegte mich dazu, seine Zusammenkünfte zu besuchen.

Ja, und dann in derselben Zeit lernte ich einen Mann kennen, der mich beeindruckte und tief berührte. Wir tauchten in wunderschöne und aufregende Gespräche ein. Er erzählte mir über seinen spirituellen Weg, was mich aufhorchen ließ und vieles zum Schwingen brachte, worauf ich so lange gewartet hatte. Und dann, zu meinem großen Erstaunen, erwähnte er einen Namen: Mario Mantese! Da war nun ein Mensch, bei dem ich sehen und erleben konnte, was diese tiefe spirituelle Arbeit bewirkte. Allein deswegen schon wäre ich zu dieser Zusammenkunft gefahren, doch dann war da noch diese frappierende Parallele von Einladungen, die fast gleichzeitig aus zwei völlig voneinander unabhängigen Richtungen auf mich zukamen.

Jetzt weiß ich, wie wichtig es für mich war, ihn kennenzulernen. Mein Leben hat sich durch diese Begegnung tief greifend verändert, und ich muss heute über mein anfängliches Nicht-Hinhören-Wollen selbst lachen. Etwas in mir hatte bereits im Voraus geahnt, dass, wenn ich mich auf diese Arbeit mit ihm einließe, alle, ja absolut alle ach so bequemen Illusionen und faulen Ausreden ein Ende haben würden. Genau das ist geschehen: Man kann sich selbst nicht mehr belügen und betrügen. Ich bin unendlich dankbar für die unermesslich große Möglichkeit, die sich mir dadurch eröffnet hat. Allerdings war ich am Anfang sehr verwirrt, und das hatte seinen Grund. Mario entspricht einfach keinem der Bilder, die man so hat und auch gerne immer wieder bestätigt bekommen würde. Er bietet einem keine Schublade, in die man ihn stecken und einordnen könnte, keine einzige. Also wohin mit diesem Mann? Nachdem mir allmählich dämmerte, welche Dimension seine spirituelle Arbeit wirklich beinhaltet, stellte ich ihn ehrfürchtig auf einen Sockel – sichtbar, aber eben nicht greifbar. Da ahnte ich noch nicht, wie nah er einem sein kann, wenn man es nur zulässt, und wie tief diese Nähe berührt und mächtige Prozesse in Gang setzt. Wunder, die für mich bis dahin nur Theorie waren, wurden plötzlich lebendige Realität. Aber dazu später, denn der Weg dorthin war ein langer.

Bei meiner ersten Zusammenkunft in München war ich überwältigt von der großen Kraft, die von ihm ausstrahlte. Ich hätte aber mit keinem einzigen Wort erklären können, was es genau war, das mich so tief berührt und angeregt hatte. Pure Intuition ließ mich erkennen, dass ich hier unaussprechliche Sicherheit und Antworten finden würde. Obwohl ich damals inhaltlich wenig verstand, gab es doch einige prägende Sätze, die ich mitnehmen konnte. In ihrer Schlichtheit gaben sie mir bereits genug Stoff für die erste Auseinandersetzung mit mir selbst: Mein fest gefügtes Weltbild wurde erschüttert.

Er sagte: »Achte genau darauf, was du denkst und sprichst, denn jeder Gedanke hat seine Wirkung und jede Wirkung ist eine manifestierte Tatsache, die sich nicht mehr in die Ursache zurückverwandeln lässt, deshalb sei wach und liebevoll. Vergiss nie, du bist selbst der Schöpfer und auch die Schöpfung deines Daseins!«

Es sind nicht so sehr seine Worte, sondern vielmehr seine Ausstrahlung und seine Klarheit, die mich beeindrucken. Ich lerne, sowohl in Höhen wie Tiefen die volle Verantwortung für mein ganzes Leben zu übernehmen, was anfangs gar nicht so leicht war. Niemand mehr, dem man die Schuld zuweisen kann, niemand, den man hassen oder anklagen kann. Durch eigene wachsende Klarheit sehe ich die Welt allmählich mit neuen Augen und die Welt sieht auch mich mit neuen Augen. Klarheit bringt Ruhe und in dieser Ruhe auch neu gewonnene Selbstverantwortung. In dieser wurde es mir möglich, einen jahrelangen hässlichen Zwist zwischen mir und meiner Mutter zu beenden. Dies war eines der ersten großen konkreten Ergebnisse, das sich aufgrund der Arbeit mit ihm zeigte. Schritt für Schritt begleitet er mich mit seiner unaufdringlichen Liebe. Solche allumfassende Liebe in dieser unbegrenzten Dimension war für mich damals absolut unvorstellbar und einfach zu schön, um wahr zu sein!

Dann geriet ich in eine tiefe Krise. Zweifel kamen auf, genährt auch von der Tatsache, dass es mir einfach nicht möglich war, das an den Zusammenkünften Erfahrene und Durchlebte zu artikulieren und Außenstehenden zu erklären. Ich fragte mich: »Was machst du eigentlich hier, wo genau willst du hin?« Die Zweifel wurden immer stärker, so sehr, dass ich schließlich die geistige Arbeit mit ihm verließ. Was ich in den kommenden zwei Jahren alles an traurigen Erlebnissen und Irrtümern erleben sollte, war nur eine Bestätigung meines eigentlichen geistigen Weges. Mein Kontakt zu ihm war innerlich zum Glück nie ganz abgebrochen, was ich meinen Freunden verdanke. Sie ließen mich immer sanft teilhaben, ohne mich jemals zu drängen. So konnte ich mich nach all den vielen Erfahrungen, die ich wohl noch machen musste, erneut und von ganzem Herzen für die Arbeit mit ihm entscheiden.

Beim nächsten Treffen, als ich wieder dabei war, meinte er nur: »Aha, willkommen zurück!« Mein Ausflug zurück in die alten Verstrickungen war schmerzhaft gewesen, doch sie hatten mich endgültig desillusioniert und wachgerüttelt. Mir wurde nun klar, dass seine Arbeit genau hier ansetzt: durch Logik und Intuition aus den alten, festgefahrenen, lieblosen Mechanismen zu erwachen.

Eine innere Tür wird geöffnet

Mario Mantese kennenzulernen heißt, wahrlich lieben zu lernen. Auch wenn man nicht an die Liebe glaubt – dann dauert es eben nur etwas länger. Er greift manchmal zu sehr ungewöhnlichen Methoden, um ganz besonders Begriffsstutzigen wie mir den inneren Weg der Liebe aufzuzeigen und vorzuleben. Mein Thema hieß seit langem Herzöffnung. Diese Frage beschäftigte mich viele Monate. Ich wusste aus unserer spirituellen Arbeit, dass man emotionelle Begebenheiten nicht mit der Liebe verwechseln sollte, aber was war denn eigentlich dieser Weg des Herzens, von dem er so viel sprach? Irgendwann im Laufe meiner unglücklichen Beziehungen und rastlosen Suche, die immer wieder am selben Punkt anlangte, hatte ich mich überwunden, ihn um Rat zu fragen.

F: Ich fühle mich verschlossen und gefangen in meinen Emotionen und den sich endlos wiederholenden Gedankengängen. Was kann ich tun, um da endlich herauszukommen?

MM: Du musst dein Herz öffnen.

F: Hm, ja, aber wie, das versuche ich schon viele Jahre.

MM: Das Herz öffnen heißt nicht, dass du etwas tun musst, um dadurch etwas anderes zu erlangen. Du brauchst dich auch nicht einer Herzoperation zu unterziehen. Dieses nichtphysische Herz, von dem ich spreche, ist die Gesamtheit, die Totalität. Wenn ich von Totalität spreche, dann meine ich damit das, was du wirklich bist: der ursprüngliche, unbefleckte, reine Zustand. Die Sonne wird nie berührt von den Schatten, die durch sie als Phänomene entstehen und vergehen. Das spirituelle Herz wird nie berührt von deiner Unzufriedenheit, deinen Zweifeln, Ängsten und deiner Rastlosigkeit.

Was also heißt das Herz öffnen? Diese schattenhaften Zustände, die dich schon so lange plagen, sind ausschließlich aus deinen eigenen Missverständnissen entstanden und haben sich erfolgreich in deinem Gehirn eingenistet. Sie gaukeln dir vor, dass sie wirklich existieren, dabei sind sie nichts als hohle Schatten. Was geschieht, wenn Licht in einen Schatten eindringt, was, wenn Klarheit Unklarheit durchschaut? Sie lösen sich unmittelbar auf.

Diese Zustände, die du erlebst, sind ja nur Wirkungen, aber wer ist der Verursacher? Das Objekt ist bekannt, was aber ist das Subjekt? Das Subjekt kann das Objekt sehen, aber kann das Objekt das Subjekt sehen? In anderen Worten, du kennst deinen Körper, aber kennt dein Körper dich, die in diesem Körper wohnt und sagt »Ich bin dieser Körper, dieser Körper gehört mir«? Ist der Körper unglücklich oder bist du es? Der Körper kann nicht sprechen, er ist ja nur das Instrument, durch das du dich ausdrückst. Deswegen kann es nicht der Körper sein, der sagt »Ich bin der Körper«. Das was du wirklich bist, ist kein Gegenstand.

Schau tief in dich hinein, erkenne, dass es an sich keine Körper gibt, sie sind nur phänomenale Spiegelungen, konzeptuelle Bilder im Verstandesbewusstsein, ebenso imaginär wie jene in einem Traum. Relativ gesehen, bist du ein fühlendes Wesen und du willst etwas tun, um deine Probleme und die der anderen zu lösen. Doch ist es einem fühlenden Wesen, das selbst nur eine Erscheinung ist, möglich, etwas Wirkliches zu tun? Wenn du erkennst, dass das, was du erlebst und glaubst zu sein, nur Gedanken und Vorstellungen sind, was bist du dann wirklich? (lacht) Da bleibt wohl nicht mehr viel übrig, nicht wahr? Du bist nicht nichts, sondern vollkommene Fülle! Jesus hat es in den Worten »Ich und der Vater sind eins« ausgedrückt. Das Öffnen des Herzens bedeutet, klar zu sehen, was man nicht ist.

Denke intensiv über diese Worte nach, erfasse sie intuitiv. Beim nächsten Seminar in München, nach dem Darshan, werde ich in dir eine innere Türe öffnen, dann wird alles anders.

Das versicherte er mir.

Ja, und dann kam dieser denkwürdige Tag. Am Samstag während des Darshans war eine ganz besondere Intensität im Raum. Er strahlte mit kraftvoller Liebe, wirkte leicht, fast transparent und völlig unangestrengt. Noch nie hatte ich ihn so intensiv erlebt, noch nie hatte er mich so tief berührt. Nach dem Darshan trafen wir uns und er sagte: »Die Zeit, das Tor zu öffnen, ist nun gekommen!«

Mit seinem Zeigefinger machte er vor mir einige kreisförmige Bewegungen in der Luft und sagte dann: »Das ist alles, von jetzt an wird alles anders.« Zu diesem Zeitpunkt konnte ich nicht erahnen, welch gewaltige Veränderung seine kurze Handbewegung in meinem Leben auslösen würde. Alles, was er mir gesagt hatte, was sich verändern würde, traf innerhalb kürzester Zeit und mit großer Kraft ein. Am nächsten Tag bei der Zusammenkunft sprach er eindringlich von Liebe und Güte, da brach endgültig der Damm in mir. Mein Herz begann zu glühen und ich wurde von kindlicher Unbeschwertheit ergriffen. Freude und starke Glücksgefühle durchfluteten mich. Das kannte ich bisher einfach nicht, ich war überwältigt und unermesslich dankbar. Diese Unbeschwertheit ist seither nicht mehr aus mir gewichen, auch wenn im Prozess der Ablösung noch ab und zu alte Trauer in mir hochkommt. Ich weiß inzwischen, dass diese schweren Empfindungen sehr bald von selbst wieder aus mir weichen, sie verlieren ständig an Kraft. Was für ein Geschenk!

Das unfassbare Öffnen der Tür – ganz anschaulich

In welch übersinnlicher, unbegreifbarer Dimension er lebt und wie ungewöhnlich seine Belehrungen sein können, durfte ich am nächsten Tag noch sehr konkret erleben. Einige von uns waren noch in München geblieben. Wir waren bei Freunden zum Tee eingeladen. Er fuhr bei mir im Auto mit und scherzte über Türen auf und Türen zu. Wir sprachen über die Liebe und die Chance, die darin liegt, ein klares, einfaches Leben in Liebe und Güte zu leben. Ich erzählte ihm von meinen tiefen Erlebnissen während des Seminars und fragte ihn, was ich tun könne, um dieses kostbare Gefühl nicht mehr zu verlieren und wie ich mich verhalten solle, damit sich diese Türe, die er für mich geöffnet hatte, nicht wieder schloss? Seine Reaktion darauf war ein Schmunzeln.

Mittlerweile waren wir bei dem Haus, wo wir verabredet waren, angekommen. Ich parkte das Auto und wir stiegen aus. Wie immer wollte ich den Wagen per Fernbedienung verschließen. »Klick«, tönte es, die Zentralverriegelung hatte abgesperrt. Doch sogleich machte es wieder »klack«, und alle Türen waren wieder offen. Oh, dachte ich, ich habe wohl zu lange auf den Knopf gedrückt und schloss das Auto wieder ab, doch zu meiner großen Verwunderung sprangen im nächsten Moment wieder alle Schlösser auf. Das Ganze wiederholte sich fünf- oder sechsmal, ich konnte es einfach nicht fassen! Schon dachte ich, die Elektronik sei defekt. Leicht verzweifelt versuchte ich es noch einmal, wieder schloss ich die Türen, doch sie sprangen unverzüglich alle wieder auf. Mario stand auf der anderen Seite des Autos auf dem Gehsteig, und als ich ihn anschaute, sah ich sein schalkhaftes Lachen, und er meinte: »Ich werde mich ein paar Schritte entfernen, vielleicht wird es ja dann funktionieren.« Dieser Witzbold! Noch einmal ein vergeblicher Versuch, dann sagte er: »O.k., jetzt wird es klappen.«

Tatsächlich, ich verriegelte die Türen abermals, und diesmal blieben sie zu. Meine Verblüffung stand mir wohl deutlich im Gesicht geschrieben, dann lachte er laut und herzhaft. Auch ich musste nun ob dieser ungewöhnlichen Situation lachen. Nachdem wir uns beruhigt hatten, ging mir plötzlich auf, welch tiefe Belehrung er mir damit erteilt hatte. Einfach großartig! Natürlich ging es ihm nicht um die Zurschaustellung seiner gewaltigen übersinnlichen Fähigkeiten, nein, es war seine plastische Antwort auf meine Frage, wie ich die Türe meines sich nun zaghaft geöffneten Herzens offen halten könne. Meine Angst, meine Zweifel und Unsicherheit, diesen Zustand wieder zu verlieren, waren groß. Wortlos wusste ich nun mit tiefer Gewissheit, er würde mir immer helfen und mich mit seiner unendlichen Kraft und Liebe begleiten. Ich hatte schon viel von seinen übernatürlichen Fähigkeiten gehört, doch wenn man so etwas konkret erlebt, merkt man erst, wie etwas Tiefes in einem aufbricht und ins Fließen kommt. Plötzlich wird alles Unmögliche möglich!

Nach diesen Tagen in München kam ich mir vor wie ein kleines Kind, das seine vielen Geschenke, die es erhalten hat, gar nicht auf einmal tragen kann. Vor allem spüre ich jetzt ein unerschütterliches Vertrauen in ihn. Ich höre seine Worte: »Fürchte dich nicht vor dir selbst, es wird alles gut!« Durch ihn habe ich den Zugang zu meinem Herzen wiedergefunden. Vor einigen Jahren sah das noch ganz anders aus. Mir war zwar schnell bewusst geworden, welche Entwicklungschancen sich durch ihn als Lehrer für mich eröffnen würden, doch an die gleichzeitige Erfahrung solch tief empfundener Liebe hätte ich wirklich nie gedacht – natürlich nicht, denn sie kam so in meinem bisherigen Weltbild gar nicht vor. Durch viele Umwege bin ich jetzt an diesem inneren Ort angelangt, wo sich alles öffnet und zu blühen beginnt.

20. Die Augen der Liebe

Eva-Maria Stelljes-Lhotsky – Österreich

Wieder normal sein, das ist mein Motto geworden, seit ich Mario Mantese das erste Mal begegnet bin. Doch bevor ich meine Gefühle, Gedanken, Berührungen mit und durch ihn erzähle, möchte ich ein bisschen ausholen, in die Vergangenheit gehen und schildern, wie ich ihn kennengelernt habe. Es war 1994. Georg, mein Mann, und ich bekamen vom ZDF den Auftrag, einen Film über »Die Angst vor dem Sterben« zu machen oder besser gesagt »Keine Angst vor dem Sterben« – dies sollte den Menschen vermittelt werden. Der Film hieß dann »Reisefieber – ein Film vom Leben und vom Sterben«.

Die Zuschauer, die nur den Haupttitel lasen, vermuteten, ein Reisemagazin zu sehen, was ja bis zu einem gewissen Punkt auch stimmte, doch mit dem kleinen Unterschied, dass diese von uns dokumentierten Beiträge Reisen nach innen waren. Bei der Ausstrahlung durch das ZDF wurden eine Million Menschen erreicht, und er, Mario Mantese, war der Höhepunkt und der Abschluss unseres Filmes.

Begonnen hatte unsere filmische Zusammenarbeit mit ihm so: Georg kannte sein erstes Buch »Vision des Todes«. Ein Anruf von mir bei ihm genügte, er kannte unsere früheren Filme über »Heilen und Schamanismus« und gab für unser Projekt sofort eine Zusage. Das hat mich sehr gefreut, denn ich war früher immer ängstlich, fremde Menschen anzurufen. So kam es, dass wir ihn für ein Vorgespräch für den Film in der

Schweiz besuchten. Ich war von seiner Ausstrahlung und Kraft sehr verunsichert und hatte Mühe, ihn zu verstehen. Er hat dies sogleich erkannt und den Bann gebrochen, indem er Witze über sich selbst und über seine körperliche Behinderung machte. Er sagte, dass er es gut verstehen könne, dass ich ihn nicht verstünde, er verstehe sich selbst die meiste Zeit auch nicht. Und dass er wegen seiner Behinderung bei Tisch immer noch wie ein Schweinchen esse, doch damit könne er gut leben. Jetzt sei es halt so, wie es sei, vielleicht würde sich das im Laufe der Zeit ja ändern. Das ist mir in Erinnerung geblieben. Seine direkte, »unheilige« Art hat mir sofort sehr gefallen. Unser erstes Treffen war für mich noch irgendwie an der Oberfläche. Beim Drehen des Films, ein paar Wochen später im Japanischen Garten in München, hat sich das dann grundlegend geändert.

Ton ab, Klappe, und nun begann er seine Geschichte zu erzählen. Seine Karriere als Musiker, der Überfall mit dem Messer, blind, stumm und gelähmt in seinem Körper zu erwachen – doch dann sagte er die Worte, die mich aufgerüttelt haben: »Ich habe alles verloren – und dadurch alles bekommen«. Ich war elektrisiert: Was hat er bekommen? Was war das? Er erzählte das so voller Freude, ja fast schalkhaft. Bei mir hatte die Sehnsucht *danach* wieder Nahrung bekommen. Es war wie ein schwelendes Feuer, das angefacht wurde. Die Erfahrungen mit unseren Filmen über »Heilen und Schamanismus« hatten mich auf den Weg gebracht, aber der Alltag, finanzielle Sorgen, das Nachrennen nach Filmen, unsere Arbeit – das alles hatte mich aufgefressen. Kurz gesagt: Er hatte mir einen kräftigen Anstoß gegeben. Die Arbeit im Schneideraum hat den Vorteil, dass man die Texte wieder und wieder hört, und so haben sich Marios Worte tief in mein Herz gesenkt.

Ja, und dann fuhren wir zu unserem ersten Seminar nach München. Ich weiß heute nicht mehr, über was er damals gesprochen hat. So geht es mir übrigens bei allen Zusammenkünften. Er wiederholt sich auch, aber ich höre das Gesagte jedes Mal neu, jedes Mal anders. Es war von Anfang an nicht wichtig, meine Merkfähigkeit zu beweisen oder mit analytischem Verstand seine Worte zu beurteilen und einzuordnen.

Bilder tauchen auf, wenn ich an das erste Seminar und die folgenden denke – ich weiß gar nicht mehr, wie viele es inzwischen waren. Er spricht gerne in Bildern. Das Bild vom Eisblock, der in der Sonne steht und einfach schmilzt, ist tief in mich eingedrungen. Dieses Bild hilft mir immer dann, wenn mich die Idee, etwas tun zu müssen, in den Krallen hat. Dieses Bild verkörpert ganz und gar seine Arbeit mit uns.

Seine körperliche Behinderung hat für mich inzwischen eine besondere Bedeutung erfahren, denn mein geliebter Mann Georg hat im Jahr 1996 einen Schlaganfall erlitten. Mario ist für mich ein lebender Trost, denn durch ihn sehe ich, dass der Körper heilbar ist. Das Thema »Alles verloren – alles gewonnen« ist uns ein Stück näher gerückt. Ich habe in dieser Zeit meine Ängste verloren, gewonnen habe ich eine innere Ruhe, die zwar manchmal noch wegrutscht, aber ich habe sie geschmeckt und ich kann mich daran – im besten Sinne des Wortes – *erinnern.* Das ist das bleibende Geschenk, das ich von ihm erhalten habe.

Tiefe, heilende Berührung

Seine große, ausstrahlende Liebeskraft habe ich sehr speziell im Darshan gespürt. Darshan bedeutet Segnung, und diese ist hier in einem Ausmaß vorhanden, dass es absolut unmöglich ist, Worte dafür zu finden. Man muss es selbst erleben, um zu verstehen. Jeder Teilnehmer kniet kurz vor ihn hin. Manchmal hebt er seine Hände und streicht kurz über den Körper eines Teilnehmers, jedoch ohne diesen zu berühren. Andern verabreicht er einen Klaps auf den Kopf oder auf die Schulter, oder aber er schaut den Menschen tief in die Augen, durch sie hindurch bis ins Innerste des Innersten ihres Wesens und löst dort alte Dinge auf und lässt sie mit seiner gewaltigen Liebeskraft gleich verdunsten. Manchen Teilnehmern flüstert er leise etwas ins Ohr. Mir hat er einmal gesagt: »Sanftmut ist das Tor zum Himmel!« Ich weiß nur, dass er mein Innerstes getroffen hat, ich habe rote Ohren bekommen, weil ich mich geschämt habe. Genau zu dieser Zeit war ich oft lieblos und aggressiv, besonders zu meinem Mann.

Und da das, wie wir Wiener sagen, bei Georg nicht hineingegangen ist, fiel die ganze Lieblosigkeit auf mich selbst, und ich war kraftlos und traurig. Dieser von ihm kraftvoll ausgesprochene Satz hat mich schlagartig geheilt. Aber da war noch etwas anderes. Er hob seine Hand und richtete sie kurz auf meinen Körper. Sogleich spürte ich eine starke Energie – die Erfahrung ist nur schwer in Worte zu fassen. Wellen von Kraft, die aufrichteten, durchfluteten meinen ganzen Körper. Sie reorganisierten mein ganzes Wesen, heilend, klärend, tiefen Frieden schenkend. Beim letzten Darshan nahm Mario den starren, gelähmten rechten Arm meines Mannes, streckte ihn und zog ihn senkrecht hoch. Voll Freude, mit Tränen in den Augen, rief Georg immer wieder: »Wahnsinn, Wahnsinn!« Mario korrigierte ihn liebevoll: »Nicht Wahnsinn, sondern Liebe!«

Ja, das ist es, was er ausstrahlt. Eine Liebe, die manchmal auch unpersönlich wirkt, besonders wenn man gescheit sein will und eine blöde Frage nach der anderen stellt. Ich habe mir abgewöhnt, ihm unnötige Fragen zu stellen, und versuche mehr und mehr, in seiner Nähe einfach in mich hineinzuhorchen und zu spüren, was mit mir passiert. Dieses »Alles-bekommen-Haben«, wovon er vor Jahren gesprochen hatte, das ist sicher schon da in mir. Ich muss nichts dafür tun, es ist. So spüre ich es und weiß, dass das, was ich spüre, richtig ist. Er ist auch unangenehm, weil er alle Konzepte, die man im Hirn hat, in rasender Eile zunichtemacht. Da kann man sich an nichts halten, da werden Fragen nach Leben und Tod in der Luft zerrissen und gelöscht. Beim ersten Treffen stellte ich ihm solch eine Frage.

F: Was wird sein nach dem Tod?

MM: Woher weißt du, dass du sterben wirst? Bist du sicher, dass du geboren wurdest? Kannst du das beweisen?

F: Ja natürlich!

MM: Kannst du das tatsächlich? Warst du bei deiner Geburt dabei? War dir gleich bei der Geburt bewusst, jetzt bin ich geboren, das ist meine Mutter und der da drüben, der mich so komisch angrinst, ist mein Vater – ist das so?

F: Nein, aber ich habe Fotos von mir als Säugling gesehen.

MM: Woher weißt du, dass du der Säugling auf dem Foto bist? Du glaubst es, weil man es dir gesagt hat. Was ich sagen will, ist Folgendes: Man hat dir gesagt, du seiest geboren und deshalb müsstest du irgendwann sterben. Tatsache ist, du selbst kannst weder deine Geburt noch deinen eigenen Tod kennen und beweisen. Es sind Ereignisse, bei denen du selbst nicht anwesend bist. Also mache dir keine Gedanken über Leben und Tod und was danach ist. Diese Fragen sind lediglich Gedanken, Bewegungen in deinem Gehirn, entstanden durch Missverständnisse, Konditionierungen und Unklarheiten und diese erschaffen unweigerlich zahllose Ängste und Spekulationen.

Leben, Tod und das Danach sind keine wirklichen Begebenheiten, sondern subjektive Vorstellungen. Es sind Vorstellungen, die du von dir selbst hast, von dem, was du glaubst zu sein, und von dem, was du annimmst, das später sein wird. Anhand deiner eigenen Bilder und deren Interpretationen definierst du dich selbst als etwas, das kommt und geht, als etwas, das lebt und stirbt.

Hast du Leben gesehen? Mit Leben meine ich nicht deine Vorstellungen, die du vom Leben hast, ich spreche von der Lebendigkeit, die in allen Menschen, Tieren und Pflanzen ist. Finde heraus, was du wirklich bist! Leben und Tod, Diesseits und Jenseits sind nur andere Namen für das Ego. Erlöse dich hier und jetzt von diesen krankhaften Missverständnissen und Ängsten, denn du, der wahre Mensch, ist eins in Gott. Kannst du dir eine Zeit vorstellen, wo du nicht gewesen bist? Der Körper und die Welt sind bloß eine mentale Projektion, aber du bist wirklich! Die Totalität ist ohne Geburt, realisiere das tief, dann sind alle deine Ängste und Sorgen gelöscht.

Seit diesem Gespräch bin ich überzeugt, dass er weiß, dass er etwas ist, das unsterblich und ewig ist – anders kann ich es nicht ausdrücken. Diese totale Erfahrung, dieses Wissen aus eigenem Erleben, das ist es, was mich bei ihm berührt und was er in mir berührt. Ich bin auch überzeugt, dass er auf energetischen Ebenen arbeitet, von denen ich keinen blassen Dunst habe – und er spricht auch nicht darüber, nur manchmal blitzt was durch. Er selbst nennt es »gewaltige universelle Kraft«. Ich fühle mich eingebettet darin und ich bin ihm dankbar für das, was er für mich tut, und für das, was er ist. Ich weiß und fühle es, mit jedem Atemzug bin ich an seiner grenzenlosen Liebe angeschlossen.

Ein Foto von ihm liegt bei mir auf dem Tisch, es begleitet meine Bürotage. Wenn ich in Stress gerate, blinzle ich ihm einfach zu – und der Augenblick wird wieder normal oder, besser gesagt, ich werde wieder normal.

21. Spiel des Schicksals

Norma Scheuring – Argentinien

Am Ende der Welt bin ich geboren, in Patagonien, Argentinien, in dieser riesigen Provinz, die dem Schwanz eines riesigen Drachen ähnlich ist, jederzeit bereit, in der Tiefe des Wassers zu versinken. In dieser unwirtlichen Wüste mit hartem Klima leben die wenigen ausharrenden Menschen in Einsamkeit. Auf dieser Seite des Planeten kennt der Wind keine Ruhe, er bläst und bläst, reißt mit sich, was immer er auf dem Weg findet: die Wolken, den Regen, die trockenen Büsche, den Sand und nicht zuletzt die Gedanken der Menschen. An den windigsten Tagen sind die Leute wie leer, wie die Echsen, die im Sommer überhandnehmen. Es ist ein Gefühl auszutrocknen, innen wie außen. Vielleicht ist es diese Trockenheit, welche die Menschen dort selbst zur Wüste werden lässt – wer weiß? In den Häusern lässt dieser unstillbare Wind Sandhäufchen wachsen, in den Ecken auf den Möbeln, hinter den Türen, eine dauernde Provokation diesen mutigen Menschen gegenüber, die sich entschlossen haben, in diesem Gebiet zu leben. »In diesem Teil der Welt blieben die Türen zur Hölle offen«, sagte mein Großvater immer. Aber er bestätigte auch, dass die weise Natur gnädig mit Patagonien und seinen Leuten sei, weil sich der Himmel und die Erde dort nahe kommen. Vor allem die Nächte zeigen eine übernatürliche Intensität. Die Atmosphäre ist durchsichtig und kristallklar, das Firmament ist von einem blauen Schwarz, mit Milliarden Sternen, die man mit der Hand zu berühren glaubt.

In kleinen Dörfern und Weilern dieser Provinz, weit weg von der Zivilisation, habe ich meine Kindheit verbracht. 1959 – ich war sieben Jahre alt – hatte ich eine Erfahrung, die ich heute mit meiner geistigen Entwicklung in Zusammenhang bringe. An einem Sommertag erreichte meine Mutter ein Brief von meinem Großvater. Als sie diesen Brief vorlas und kommentierte, hörte ich aufmerksam zu. Ich war beeindruckt zu hören, dass mein Großvater beim Schreiben geweint habe. Seine Tränen hätten die Tinte und das Papier durchfeuchtet, deshalb gab es unlesbare Stellen. An diesem Nachmittag – die Siesta ist wie eine nationale Verpflichtung und für alle Kinder eine Tortur – bin ich entwischt. So habe ich es dann jeden Nachmittag gemacht. Da unser Haus am Fuß eines felsigen Hügels stand, war die Sicht in die Umgebung wunderbar und weit. Am Haus entlang führte eine Steintreppe, beidseitig gesäumt von Bäumen und geschützt durch den Schatten von Rosenbüschen, die den Eingang verdeckten. Ich saß an diesem vorzüglichen Ort und schaute aufs Dorf in der Ferne. Ich schien es das erste Mal wahrzunehmen, seine niedrigen Häuser, seine grünen Bäume, den wolkenlosen blauen Himmel und weit hinter den Grenzen des Dorfes die trockene Wüste. Ich empfand an diesem Tag die Sonne stärker als sonst. Alldem, was sie berührte, gab ich einen speziellen Wert, verschiedenes Licht und Schatten, es war ein magischer Moment. Diesen intensiven Zustand genoss ich und fand mich plötzlich wieder in Gedanken beim Brief meines Großvaters. Ein eigenartiger Gedanke schlug wie ein Blitz in meinen Kopf ein: »Meine Mutter denkt, sie habe einen Brief von ihrem Vater erhalten und gelesen, aber das geschah nur in einem Traum, den sie träumt. An diesen Traum glaube ich auch, und ich meine, eine

Mutter, einen Vater, einen Großvater und einen Bruder zu haben. Ich glaube, dass da unten ein Dorf liegt mit Leuten, die ihre Siesta halten, glaube, dass es grüne Bäume, verschiedene Tiere, Farben und diesen so tiefblauen Himmel gibt. Aber all dies ist nur in meinem Traum real! Wenn ich aufwachen würde, wäre alles anders. Das, was ich lebe, ist ein Albtraum, aber ich muss ihn leben.« An diesem Punkt meiner Meditation über den Traum sagte ich mir: »Jetzt will ich aufwachen.« Und ich kniff die Augen ganz stark zu. Aber als ich sie wieder öffnete, war ich immer noch am selben Ort. Während ich meinem inneren Dialog zuhörte, erreichten mich Töne meiner Seele, die Botschaft nämlich, dass man nicht aufwacht, wenn man selbst es will, sondern zum richtigen Zeitpunkt.

Ich beruhigte mich. Wie im Spiel ließ ich meinen schlafähnlichen Zustand wieder zu, denn ich spürte, dass ich meine Mutter, meinen Vater, meine Katze und meine Freunde und alles um mich herum weiterhin brauchen würde. Ich sagte mir: »Eines Tages, wenn ich groß bin, werde ich erwachen!« Von diesem Tag an erwartete ich die Stunde der Siesta mit viel Hoffnung. Wenn alle schliefen, saß ich auf der Steintreppe und alles wiederholte sich. Jeden Tag fügte ich meiner Traumwelt neue Elemente hinzu. Die Faszination dieses Spieles stieß an ihre Grenze, wenn ich daran dachte, was hinter diesem Traum war.

Dieser Sommer verging rasch. Das Kommen und Gehen der Tage hat bewirkt, dass ich das Erlebte für viele Jahre vergaß. Ich habe nie mehr auf der Steintreppe gesessen, weil während dieses Sommers ein wichtiger Abschnitt meiner Kindheit endete. Im Jugendalter erschienen immer wieder verdeckt Erinnerungen an meine verlorene Welt. Zwischen neunzehn und zwanzig tauchte der Wunsch auf, den Sinn des Lebens und der Welt zu verstehen. Er tauchte auf und ließ mich nie mehr los. Ich war überzeugt, dass es an irgendeinem Ort dieser Welt Leute gibt, welche die Wahrheit wissen. Mit dem Intellekt konnte ich jedoch nicht verstehen, auf welche Wahrheit ich mich eigentlich bezog. Argentinien ist katholisch, und der Katholizismus stellt sozusagen die spirituelle Säule des Landes dar. Im Schatten dieser Kirche wuchs ich auf und verbrachte meine Jugend in einem religiösen Internat, das von Klosterfrauen geführt wurde. All diese Theorien über Gott und den Teufel prägten meine »Wahrheiten«, bestätigt durch meine Familie. Sollte die Wahrheit so unoriginell sein, wie die Kirche sagte, dann fehlte meinem Leben der Sinn. Die Vorstellung, ewiglich in einem Himmel oder in einer Hölle zu weilen, erschien mir mehr als langweilig. Ich wollte wissen, welche Kräfte das Schicksal der Menschen bewegen, was hinter den sichtbaren Dingen steht, was unserem Alltag entwischen konnte. Antworten auf meine Fragen würden meinem Leben Sinn geben, ohne diese Antworten würde mich mein Leben nicht interessieren. Bei dieser Erkenntnis entschloss ich mich, von Argentinien wegzugehen. Ich wusste, wenn ich bliebe, würde ich sterben. Ich würde wie eine Pflanze ohne Wasser austrocknen. Der Entschluss, Argentinien zu verlassen, war ein plötzlicher, doch den Zeitpunkt meiner Abreise kannte ich noch nicht. Voller Vertrauen und Freude konnte ich mich auf die Gegenwart konzentrieren, wissend, dass mir die Zukunft das Nötige bringen würde.

Aufbruch in eine andere Welt

Ende 1974 traf ich mich mit einer Freundin in einer Kaffeestube in einer Kleinstadt. Während wir zusammen plauderten, begann ich eine Zeitschrift zu betrachten, die jemand auf dem Tisch liegen gelassen hatte. Fotos der Schweiz und ihrer Einwohner kamen zum Vorschein. Ich erinnere mich, dass ich meiner Freundin sagte: »In dieses Land würde ich gerne gehen.« Und so organisierte das Schicksal mein Leben, denn ein paar Monate später lernte ich Markus, meinen jetzigen Mann kennen. Wir reisten zusammen durch verschiedene Länder in Südamerika und kehrten dann nach Argentinien zurück. Dort entschlossen wir uns, gemeinsam in die Schweiz zu fahren. Vier Monate nach meiner Ankunft in Zürich heirateten wir.

Als ich mich an die neue Umgebung angepasst hatte und einige Zeit vorüber war, kamen die existenziellen Fragen wieder zum Vorschein. Ich spürte die Notwendigkeit, »etwas« zu finden: Nur was? Ich wusste es noch nicht. Da ich keine Ahnung hatte und kein Signal erkennen konnte, das mir meinen künftigen Weg zeigte, musste ich meiner Intuition vertrauen. Ich war sicher, dass ich bekommen würde, wessen ich bedurfte. Mein erster Schritt war, Fragen zu stellen. Es gab zu dieser Zeit niemanden, der meiner Fragerei entgehen konnte. Immer wieder fand ich mich mit leeren Händen vor, ich begann zu verzweifeln. Eigentlich wussten diese Schweizer so wenig wie die Argentinier.

Möglicherweise hatte ich mir zu große Illusionen gemacht. Oder die Fragen waren falsch gestellt und entsprangen nur meiner Fantasie. Glücklicherweise ließ mich die erwähnte innere Sicherheit nicht ruhen. Ich entschied, mich nicht so leicht besiegen zu lassen. In Büchern hatte ich gelesen: »Ist der Schüler bereit, ist der Lehrer nicht weit.« Mit diesem kleinen Licht der Hoffnung hielt ich mich aufrecht. Wochen und Monate gingen vorbei, meine Sehnsucht begann sich abzukühlen. Dann erschienen einige Zeichen. Zuerst in meinen Träumen und nachher im Alltag. Von der Arbeit kam ich eines Tages nach Hause und erlebte eine Vision, die mein Leben von Grund auf änderte. Genau an diesem Tag und in diesem Moment spürte ich, dass jetzt eine besondere Zeit begann, eine Periode des Wechsels und der Vorbereitung. Intuitiv spürte ich, dass mein erster Schritt darin bestehen sollte, Zigaretten, Alkohol und Fleisch wegzulassen. Am Abend erzählte ich meinem Mann, was vorgefallen war, und erläuterte ihm den Entschluss, den ich gefasst hatte. Aber er ließ sich davon nicht beeindrucken. Ich glaube, er nahm das Gesagte wie andere meiner früheren Verrücktheiten hin. Die Verrücktheit ging nicht vorbei, sondern sie war definitiv. Nie mehr habe ich meine Süchte wiederaufgenommen.

Es kam die Zeit des Wartens. Ich wusste aus Erfahrung, dass alles zu seiner Zeit kommt. Trotzdem war ich nervös und besorgt. Ich glaubte, dass mich etwas Wunderbares erwartete, etwas, das ich bisher noch nie erlebt hatte. Sechs Monate später geschah das erste wichtige Ereignis, das mich prägte und mich für die Arbeit mit Mario Mantese vorbereitete. Dieses erste wichtige Ereignis nenne ich »die Zusammenkunft mit meiner spirituellen Mutter«. Als ich sie sah, erkannte ich sie sofort. Aus Gründen, die mir nicht verständlich sind, wusste ich, wer sie ist. Sofort fühlte ich mich akzeptiert und durch sie bekam ich viele wertvolle Informationen. Ich begann zu verstehen, warum wir hier auf diesem Planeten sind. Das Leben füllte sich mit Sinn. Es war zu der Zeit, als ich mit meiner besten Freundin aus Kolumbien durch den Wald spazierte und sie mir ein sehr interessantes Buch kommentierte. Es beschrieb die Geschichte eines Menschen, der den perfekten Zustand erreicht und den Tod besiegt hatte. Auch wenn er in dieser Welt lebte, war er nicht mehr von dieser Welt. Als sich mir die Gelegenheit bot, las ich das Buch und die Frage stellte sich mir: »Solch ein Mensch, spaziert er durch die Straßen einer Stadt, verkehrt er an normalen Orten wie Kinos und Restaurants? Oder existieren solche Menschen nur in Romanen oder in Klöstern im Himalaja?« Die Antwort meiner Freundin überraschte mich sehr, als sie zu mir sagte: »Klar, solche Menschen existieren, man kann sie sogar kennenlernen. Ich kenne einen solchen Menschen persönlich.« Was ich in diesem Moment fühlte, war eine Mischung aus Überraschung, Ungläubigkeit und Zweifel an meinem Verstand. Ich reagierte nicht gleich, ich konnte einfach nicht glauben, was mir meine Freundin erzählte. Einen Menschen zu kennen, wie er in diesem Buch beschrieben war, schien mir unmöglich.

Ich war sprachlos, in mich versunken. Als ich die Worte wiederfand, sprudelten unendlich viele Fragen aus mir hervor. Meine Freundin beantwortete sie mit viel Geduld. Sie versprach mir außerdem, mir eine Telefonnummer zu geben, damit ich selbst diesen Menschen anrufen könne. Das einzige Problem sei, sagte sie, dass er sich gerade für längere Zeit in Indien aufhalte. Was für eine Enttäuschung! Das Schicksal ließ mich immer wieder warten, wenn etwas Wichtiges bevorstand. Ich musste weiter an meinem ungeduldigen Charakter arbeiten.

Monate gingen vorbei, doch eines Tages überraschte mich meine Freundin und sagte: »Heute wirst du ihn kennenlernen. Er ist von seiner Reise zurück.« Sie nahm mich mit zu einem Park, von dem sie wusste, dass er dort oft spazieren ging. Tatsächlich, er war dort! Ich sah einen Mann, der Schwierigkeiten beim Gehen hatte und mit dem Gleichgewicht kämpfen musste, um nicht hinzufallen. Doch er strahlte große Sicherheit und einen tiefen Frieden aus, Dinge, die eigentlich seinem körperlichen Zustand widersprachen.

Ich begab mich in seine Richtung, und als ich an seiner Seite stand, sagte ich einfach: »Hallo, Mario, ich bin eine Freundin von Nati.« Unmittelbar fühlte ich in meinem Herzen ein tiefes Gefühl der Freundschaft. Ich spürte sofort, dass ich vor jemandem Außergewöhnlichen stand. Ein Mann außerhalb der Norm, verschieden von allen Personen, die ich bisher gekannt hatte. Meine Freundin hatte ihn sehr treffend beschrieben. Ich fühlte unmittelbar noch viel mehr als das, was sie mir erzählt hatte. All die vielen Fragen, die ich formulieren und ihm stellen wollte, schienen sinnlos und unnötig. In seiner Anwesenheit tauchten Themen auf, die ich bis zu diesem Zeitpunkt mit niemandem besprochen hatte. Für ihn war es kein Problem, damit umzugehen. Es erstaunte mich zutiefst, dass alles, was mir kompliziert und schwierig erschien, für ihn wie ein Kinderspiel einfach zu lösen war. Mit seiner weiten und klaren Sicht kam er sofort ins Zentrum meiner Probleme, mochten diese noch so kompliziert sein. Wenn er zu sprechen aufhörte, war das Problem jeweils verschwunden. Schon während dieser ersten Zeit des Kennenlernens erleichterte er mir den Weg, indem er mir Steine und Hindernisse wegnahm, die mir unbeweglich und unverrückbar schienen. Er half mir, gewisse Aspekte meiner Persönlichkeit klar zu erkennen und innere Konflikte zu überwinden. Nie gab er mir das Gefühl – nicht für eine Sekunde, weder zu jener Zeit noch heute –, dass er anders, besser oder weiter entwickelt wäre als ich oder jemand anders. Meine fixen Ideen, die ich oft hatte, ließ er stehen.

Erst viel später merkte ich, dass sich meine Sichtweise ganz von selbst geändert hatte. Es verging einige Zeit, bis ich mich entschloss, ihn nach seinen Seminaren zu fragen. Die Idee, einem Seminar von ihm beizuwohnen, interessierte mich sehr. Nachdem er mir erklärt hatte, welche Inhalte besprochen würden und was seine Arbeit war, erhielt ich bald darauf eine Einladung für das nächste Seminar. Ich glaube, es war das erste Mal in meinem Leben, dass mir das Warten keine Mühe machte.

Eine kleine Gruppe Menschen fand sich zu dieser Zusammenkunft in einem Saal in Zürich ein. Obwohl ich außer ihm niemanden kannte, fühlte ich mich sofort wohl. Er arbeitete damals, von außen her gesehen, im Vergleich zu heute anders. Er befasste sich mit jedem von uns spontan und persönlich. Er heilte unsere alten Wunden. Das war mein erster Eindruck. Ich traf damals in einem bedauernswerten Zustand ein, traurig, voller Sorge und stand in einer der schwierigsten Lebensphasen, seit ich in der Schweiz lebte. Ich werde nie vergessen, was ich in dieser ersten Zusammenkunft erlebte und fühlte, weil es eine Intensität zeigte, die kaum zu erklären ist.

Nach der Mittagspause meldete sich eine Teilnehmerin. Sie erklärte, dass sie Yoga-Lehrerin sei, und schilderte eingehend ihre Ausbildungen, die sie absolviert hatte, und erzählte in diesem Zusammenhang von ihrem bekannten indischen Guru. Es schien, dass sie vor lauter Erzählen vergessen hatte, was sie eigentlich fragen wollte, doch dann kam die Frage doch noch. Die ungewöhnliche Art, wie er auf ihre Frage einging, werde ich nie vergessen.

F: Mein indischer Guru sagt, dass Liebe und Selbstübergabe der schnellste Weg zu Gott, zur Vollkommenheit, seien. Siehst du das auch so?

MM: Wo ist Indien jetzt?

Er hatte diese kurze unerwartete Gegenfrage mit einer derartigen Kraft ausgesprochen, dass ihr Gehirn unmittelbar leer wurde, und auch wir saßen überrascht da, unfähig zu denken. Es schienen Stunden zu vergehen in dieser alles absorbierenden Stille, doch irgendwann räusperte sie sich verlegen und antwortete ihm.

F: Entschuldige, aber ich verstehe deine Frage nicht.

MM: Du hast erzählt, dass du mehrmals in Indien warst, und nun bist du hier und ich frage dich, wo Indien jetzt ist, in diesem Moment?

F: Weit weg.

MM: Du hörst nicht zu! Schau in dich hinein, ich frage dich, wo befindet sich Indien jetzt, in diesem Moment in dir?

F: In meiner Erinnerung.

MM: Also besteht Indien für dich lediglich aus Sinneseindrücken, Bildern und Informationen, stimmt das?

F: Ja, das ist so.

MM: Nun, als du dort warst, bestand dieses Dortsein aus etwas anderem als aus Sinneseindrücken, Bildern und Informationen?

F: Ich war physisch dort.

MM: Was aber geschieht, wenn du jetzt plötzlich herausfindest, dass du nie der Körper warst und dass dieser nur eine Erscheinung im Bewusstsein ist und deine Sinneseindrücke, Bilder und Informationen bloß Vorstellungen sind? Wo ist dann Indien, wo Selbstübergabe und wo diese Liebe, von der du sprichst? Die Welt sagt nicht: »Ich bin die Welt«, das sagst du. Wenn diese Welt wirklich wäre, dann müsste sie immer da sein, auch in deinem Schlaf, doch dort existiert keine Welt. Das weltliche Leben spielt sich ausschließlich in deinem subjektiven Verstandesbewusstsein ab.

Deine innerste vollkommene Wirklichkeit, das, was du bist, ist formlos, bildlos und unveränderlich. Das Verstandesbewusstsein und die von ihm projizierte sinnliche Welt ist zeiträumlich begrenzt und veränderlich. Wirf die Last deiner Begrenzungen ab und deine Vollkommenheit wird offenbar!

Das Gesicht der Frau hatte sich verändert, sie saß entspannt und gelöst da. Aufmerksam hatte sie zugehört, man sah ihr an, dass sie innerlich berührt war. Sie fragte ihn: »Darf ich wiederkommen?«, und er antwortete: »Komm, wann immer du willst.«

Später kam er auf mich zu und sagte: »Du bist nicht das, was du glaubst zu sein.« Ich spürte, als er mich kurz berührte, wie eine gewaltige elektrische Entladung mich durchdrang. In diesem Moment erlebte ich, wie sich mit einer unglaublichen Geschwindigkeit meine Haut vom Magen bis zum Hals blitzartig wie ein altes Pergament löste, um sogleich im Nichts zu verschwinden. Mein Körper beugte und verrenkte sich in dieser überwältigenden Erfahrung. In der folgenden Sekunde saß ich weinend da wie ein kleines Kind. Diese »alte« Haut nahm nicht nur meine Ängste und meine Traurigkeit mit, sondern auch das Gewicht und die Mühen von vielen Jahrhunderten. So fühlte es sich an. Als der Tag zu

Ende ging, fühlte ich mich glücklich, leicht und freudevoll, wie ich es zuvor noch nie gefühlt hatte.

Die Energie dieses ersten Seminars begleitete mich während Wochen. Die schwierige Zeit, die ich durchlebt hatte, verschwand wie eine Sturmwolke, die sich in der Unendlichkeit des Himmels auflöst und keine Spuren hinterlässt. Jedes der folgenden Seminare war für mich wie ein wertvolles Geschenk – wie eine Perlenkette von Licht, verbunden durch den Faden der Ewigkeit.

Mario ist der Meister des Auflösens. Er entflicht unsere Schöpfungen, unser Schicksal, unsere Geschichten. Er löst das feine Netz auf, das uns in der Welt von Leben und Tod gefangen hält. Unendlich viele Kreationen des menschlichen Geistes sind dort aufbewahrt. Die geheimsten Wünsche der Menschen, unsere Träume, Leiden und Freuden bleiben in diesem Netz hängen. Während all der vergangenen Jahre habe ich gelegentlich Krisen jeder Art erlebt. Als ich vor ihm saß, war es, als würde sich ein Spiegel mit tausend Gesichtern in Bewegung setzen, jedes dieser Gesichter als Spiegelung eines Aspektes meiner eigenen begrenzten Persönlichkeit, und das war nicht immer das Angenehmste.

Die Krisen dauerten jeweils nicht allzu lange und wurden bald durch Klarheit abgelöst. Ich konnte den Grund, die Ursache dieser Abläufe begreifen und leicht durchschauen. Es gab Momente, in denen sich ein Gespräch mit ihm als notwendig erwies – er war immer genau dort, wo ich ihn brauchte. Und nicht nur für mich, nein für all die vielen Menschen, welche inzwischen seine Seminare besuchen. Wann immer ich Hilfe brauchte, durchflutete mich diese immense spirituelle Energie, die von ihm ausstrahlt, und umhüllte mich wie ein warmer Mantel. In den vergangenen Jahren habe ich durch diese spirituelle Arbeit mit ihm viele Wechsel und Veränderungen erfahren, die immer auf einer Ebene des Bewusstseins erfolgten, die nichts mit der Persönlichkeit an sich zu tun hatten. Ich selbst habe nie bewusst wahrgenommen, wann eine Änderung stattfand – plötzlich verschwanden bestimmte Ängste und festgefahrene Muster. Die einengende Kraft, die uns in eine Richtung bewegte, verliert die Energie und ohne es zu bemerken, verhalten wir uns anders, klarer, liebevoller und empfindsamer. Mein Leben wird nie mehr so sein wie vorher, ich habe den Duft der Ewigkeit geatmet.

Er schloss die letzte Zusammenkunft des Millenniums mit den Worten: »Lebe in Liebe und Güte, handle in Liebe und Güte, sei Liebe und Güte!« Für mich war dies wie eine Offenbarung, eine Explosion mitten in meiner Brust. Er hatte diese Worte mit solch einer Macht ausgesprochen, die Atmosphäre im Raum veränderte sich augenblicklich. Auf seine sehr spezielle Art hat er uns alle innerlich umarmt und unserem Leben einmal mehr eine neue Wende geschenkt. Ich danke ihm für seine Geduld, seine große Liebe und seine Kraft, an der er uns teilhaben lässt, und danke auch dem Leben, das es mir ermöglicht hat, ihm zu begegnen.

22. Darshan – Begegnung mit dem Meister

Birgit Fels – Deutschland

Auf vielen Reisen wollte ich Kontinent um Kontinent entdecken, ich war auf der Suche nach meiner »Heimat«. Als ich meinte, diese auf einem Flecken Erde auf der anderen Seite des Planeten entdeckt zu haben, da wurde mir meine Illusion schmerzhaft bewusst. Ich war in ferne Länder gereist, hatte andere Kulturen und Menschen kennengelernt, doch nun wurde mir eines Tages klar, die wahre Reise führt nach innen. Die Ungeduld, die mich ständig vorwärtsgetrieben hatte, war die Sehnsucht, der Durst nach Spiritualität, die Reise zu mir selbst.

Bevor ich Mario Mantese das erste Mal begegnete, hatten mir Freunde von ihm erzählt. Irgendwann luden sie mich zu einer seiner Zusammenkünfte ein, das war vor etwa sieben Jahren. Ahnungslos war ich, wer oder was mir dort begegnen würde, doch ich war getrieben von einer inneren Kraft, und diese brannte in mir. Ich wollte diesem Menschen begegnen. Seit Langem richtete ich meinen Blick nach etwas aus, dem ich keinen konkreten Namen geben konnte. Tief in mir erahnte ich dieses Unfassbare, dieses Etwas, das mein Verstand nicht fassen konnte. Als ich ihm begegnete, entdeckte ich in ihm auch gleichzeitig das Ende meiner Reise. Durch sein Wirken und seine kompromisslose Haltung führte er mir klar meine eigenen Unklarheiten und Verstrickungen vor Augen. Ein Blick zurück in die vergangenen Jahre genügt, um mir der unermesslichen Arbeit, die er in uns allen vollzieht, bewusst zu werden. Erst nach und nach erkannte ich die unfassbare Dimension, die wir gemeinsam mit ihm betreten. Es gibt Momente, da tauche ich in Tiefen des Seins ein, die ich vor einigen Jahren nicht einmal erahnen konnte.

Ich erinnere mich an ein Gespräch, das ich einmal in einer schwierigen Lebensphase mit ihm geführt hatte. Tiefe Ängste und eine große Verunsicherung in Bezug auf meinen geistigen Weg betrübten mich zutiefst. Er war damals in die Wohnung eines Freundes eingeladen worden. Der Raum, in dem er saß, war berstend voll mit Menschen. Viele waren gekommen, um ihn zu sehen. Er saß mit gekreuzten Beinen entspannt auf einem Sofa, als ich ihm meine Frage stellte.

F: Tiefe Ängste und Zweifel ergreifen mich manchmal und verunsichern mich. Ich frage mich dann immer wieder, ob ich vom geistigen Weg abgekommen sei oder diesen vielleicht missverstanden oder gar verloren habe.

Lange saß er mit geschlossenen Augen regungslos da, dann überzog ein mildes Lächeln sein Gesicht.

MM: Wie siehst du diesen geistigen Weg, den du gehst, und woher kommt die Angst, ihn zu verlieren? Wo ist dieser Weg?

F: Es ist die spirituelle, die geistige Dimension in meinem Leben, du sprichst an deinen Zusammenkünften davon.

MM: Ich bin nicht sicher, dass du mir wirklich zugehört hast. Du sprichst von einem geistigen Weg, auf dem du dich befindest, und von einer Angst, diesen nicht richtig zu verstehen oder zu verlieren. Sag mir, bist du jetzt, in diesem Moment, geistlos?

F: Wie meinst du das?

MM: Wenn du sagst, dass du manchmal Angst hast, diesen geistigen Weg zu verlieren, was genau meinst du zu verlieren, den Weg, den Geist oder beide? Glaubst du, dass es im Geist etwas zu gewinnen oder zu verlieren gibt?

F: Ich ahne, was du mir sagen willst, Geist kann man nicht erlangen.

MM: Wo ist dann dieser Weg, den du gehst? Das Ego, das selbst nur ein Konzept ist, glaubt zu gehen, zu handeln und ein Ziel zu erreichen. Das Ego ist der erfolgreiche Erfinder von all diesen vielen spirituellen Wegen und Methoden. Du bist doch nicht ein Weg, sondern die Wirklichkeit.

Woher soll Geist kommen und wohin kann er gehen? Geist ist raumlos, zeitlos, das Hier und Jetzt, weder Subjekt noch Objekt. Alle Wege sind konzeptuelle Vorstellungen und Bilder in deinem Verstand, ebenso imaginär wie jene in einem Traum. Erkenne, Angst an sich existiert nicht. Sie tritt erst in Erscheinung, wenn du dich vor etwas fürchtest. Dieses Vor und dieses Etwas haben keine reale Existenz, sie sind nichts als leere Schatten. Gehe innerlich zurück an diesen Ort, wo kein Vor und kein Etwas existiert, wo es nur dich gibt, ohne Ängste und ohne einen geistigen Weg. Bleibe locker und erkenne dich selbst! Es gibt nichts zu verlieren und nichts zu gewinnen, niemand kommt und niemand geht. Der Ort, an dem du wirklich zu Hause bist, ist immer hier! Wo könntest du in der Totalität hingehen, du bist die Totalität!

Wo immer Mario sich aufhält und spricht, dort löst sich alles Räumliche und Zeitliche auf. In dieser unfassbaren Intensität und Tiefe lauschen wir seinen klärenden, erlösenden Worten. Er ist wahrlich in der Welt, aber nicht mehr von dieser Welt.

Die Tage vor den Zusammenkünften sind oft unbequem, manchmal steigen Ängste und hässliche Fratzen in mir hoch, die inneren Schatten werden durch das einströmende Licht, das von ihm ausgeht, angegriffen. Sie müssen sich demaskieren und auflösen. Wir alle wissen, dass er vorbereitend die Vibration enorm erhöht, und wo Licht ist, müssen alle Schatten weichen. Mir scheint, als würden diese Schatten jeweils zur Klärung hochgeschwemmt und dann an den Seminaren durchleuchtet und gelöscht.

Und so war es an diesem speziellen Samstag. Ich war am späten Nachmittag vor dem Seminar zu einem Darshan in München eingeladen worden. Melancholisch, mit Ängsten, undifferenzierten Gefühlen und mich selbst hinterfragend kam ich dort an. Traurig und niedergeschlagen saß ich mit vielen Menschen still da und wartete.

Dann öffnete sich die Türe – er trat ein. Was ich dann erlebte, war für mich eine bisher noch nie erlebte Offenbarung. Seine Präsenz und die lichte Erscheinung, die er verkörperte, waren gewaltig. Seine menschlichen Konturen nahm ich nur noch schemenhaft wahr, sein Gesicht schien völlig transparent und aus ihm leuchtete etwas derart Kraftvolles, Reines und Liebevolles, ich brach augenblicklich in Tränen aus. So tief war ich von seiner Präsenz noch nie berührt worden. In tiefer Demut ließ ich geschehen, was in diesen Augenblicken mit mir geschah. Das starke Licht, das von ihm ausstrahlte, war derart gewaltig und überwältigend, ich hatte das Gefühl, in dieser Gnade zu zerschmelzen. Das Licht durchdrang jede Faser, jede Zelle meines Wesens bis in die tiefsten Schichten meines Seins. Ich war von dieser universellen Liebe durchtränkt, eins mit dieser gewaltigen Lichtstrahlung. Es gab keine Trennung mehr, nur noch diese unfassbare Liebe!

Während der folgenden Wochen wurde ich von dieser mächtigen Lichtkraft getragen. Ich war in der Welt, doch ein Teil von mir schien sich in einer anderen, ewigen Dimension aufzuhalten. Es ist schwierig, diesen Zustand zu beschreiben. Ich nahm wie gewohnt am Alltag teil, doch ich erlebte absolut keine Trennung mehr zwischen dem Innen und dem Außen. Eine umfassende, unbegrenzte Instanz nahm mein In-der-Welt-Sein wahr.

Heilung im Schlaf

Ein einschneidendes Erlebnis war, als mein Arzt einen Tumor in meinem Unterleib diagnostizierte. Die darauffolgenden Tage waren ein Albtraum. Die Ängste um meinen Körper und meine Zukunft schufen eine Vielzahl furchteinflößender dunkler Bilder und Szenarien, die wie in einem Film, den ich nicht aufhalten konnte, abliefen. Ich war nicht imstande, mich aus den Fangarmen meiner Ängste zu befreien. So entschloss ich mich, Mario anzurufen, und erzählte ihm meinen Kummer und den Befund der Untersuchung. In der folgenden Nacht hatte ich ein sehr klärendes Erlebnis. Während ich halbwach im Bett lag, trat er mit mir in Kontakt. Ich spürte deutlich seine Präsenz im Raum, auch wenn ich ihn nicht sehen konnte; ich wusste, er war da, und seine Anwesenheit gab mir ein Gefühl der absoluten Sicherheit. Ich wusste, dass alles gut werden würde. Augenblicklich fielen alle Ängste von mir ab und alles wurde leichter. Bei der nächsten Untersuchung war kein Tumor mehr zu finden und mein Arzt glaubte, dass der vorherige Befund eine Fehldiagnose gewesen wäre. Ich glaube eher, dass ich in dieser Nacht von meinem Leiden vollkommen geheilt wurde. Offensichtlich musste ich diese großen Ängste noch einmal durchleben, um ihre besitzergreifenden Kräfte noch klarer zu erkennen. Ich wurde gewahr, wie ich durch meine Gedanken meine eigene Irrealität erschuf.

23. Er kam aus dem Unsichtbaren

Doris Hüffer-Schott – Deutschland

Auf einer Schallplattenhülle sah ich Mario Mantese zum ersten Mal. Mein jetziger Mann Dominik, den ich damals gerade kennengelernt hatte, erzählte mir von seinem spirituellen Meister und zeigte mir eine Platte von »Heatwave«, der Band, bei der Mario in den Siebzigerjahren Bassist gewesen war. Auf diese Weise habe ich das erste Mal von ihm gehört. Es sollte noch Monate dauern, bis ich ihn persönlich treffen würde. Auf einer anderen Ebene jedoch machte ich schon sehr bald auf erstaunliche Weise seine Bekanntschaft. Und das ergab sich aus der folgenden Situation: Die erste Zeit des Zusammenseins mit Dominik war faszinierend und schön, aber auch eine schwierige Prüfung. Ein klares Ja zu unserer Beziehung war ihm damals nicht zu entlocken. Er hielt alles in der Schwebe und blieb unverbindlich, doch meine Gefühle für ihn waren eindeutiger, ich spürte eine starke Verbindung zu ihm. Dann geschah in unserer Beziehung ein einschneidendes Ereignis, das mich sehr schmerzte, und wir trennten uns. Um mich vor einer Enttäuschung zu schützen, zog ich mich traurig zurück.

Nach ungefähr einer Woche hatte ich eine sehr seltsame Nacht. Ich schlief zwar, war aber trotzdem hellwach. Plötzlich hörte ich meinen Namen, es war, als ob mich jemand aus weiter Ferne rufen würde. Wie durch einen langen Tunnel sah ich Mario, der wortlos, aber sehr eindringlich mit mir kommunizierte und mich dabei ermunterte, fast könnte man sagen aufforderte, wieder mit Dominik in Kontakt zu treten. Es war eine unheimlich starke Präsenz, die aber in keiner Form beängstigend oder unangenehm war. Sie fühlte sich irgendwie vertraut und wohl an. Diese Kraft war so überzeugend, dass ich tatsächlich am nächsten Tag zum Hörer griff und Dominik anrief. Noch am selben Tag trafen wir uns und von da an waren die Hindernisse, die bestanden hatten, für immer gelöscht.

Später haben wir noch oft spekuliert, was gewesen wäre, wenn ich nicht mehr angerufen hätte? Als ich Mario Jahre später darauf ansprach sagte er mir: »Ja, es stimmt, ich bin damals mit dir in Verbindung getreten, denn ich wusste, dass ihr füreinander bestimmt seid. Als Dominik mir zu Beginn eurer Beziehung einmal von dir erzählt hat, habe ich gleich gewusst, dass du die richtige Frau für ihn bist. Wenn ich das so klar sehe, dann müssen bei den Beteiligten nur einige Egokräfte gelöst werden, danach können beide klar erkennen, wer der andere wirklich ist – genau das ist euch geschehen.«

In den darauffolgenden Jahren war er eine starke, unterstützende Kraft für uns, vor allem für meinen Mann, der immer wieder von nicht greifbaren, aber sehr mächtigen dunklen Kräften der Vergangenheit geplagt wurde. Ohne seine liebevolle Hilfe wäre er sicher diesem Druck erlegen.

Als ich Mario das erste Mal begegnete, waren wir mit ihm und ein paar Freunden in einem indischen Restaurant zum Essen verabredet. Als ich ihn sah, war ich von seiner liebevollen und warmen Ausstrahlung und besonders von der unglaublichen Güte in seinen Augen berührt. Im Laufe der Jahre, in denen ich seine Zusammenkünfte und Darshans besuche, hat sich vieles in meinem Leben geändert. Er erinnert mich mit viel Liebe und Humor daran, dass ich wach, aufmerksam und ehrlich gegenüber mir selbst sein soll, da ich für meine Entwicklung selbst zuständig bin (wobei er durchaus gerne kräftig mit anschubst).

An einem warmen Sommernachmittag, wir waren zu sechst auf einem Spaziergang in einem Park in München, fragte ich ihn etwas.

F: Du hast gestern in deinen Ausführungen gesagt, dass alles sinnlich Wahrnehmbare eine Erscheinung sei. Wo ist dann die Wirklichkeit unserer physischen Körper, die doch so wirklich und fest scheinen?

Still, schweigend, gingen wir weiter. Ich fragte mich, ob er mir überhaupt zugehört hatte, doch dann blieb er stehen und gab mir eine Antwort. Ich hatte das Empfinden, dass sie aus einer grenzenlosen Tiefe in ihm erschienen wäre.

MM: Siehst du diesen großen Baum, welche Farbe haben seine Blätter?

F: Grün.

MM: Dieser Vorgang des Objektivierens und Benennens geschah in deinem Gehirn, im Bewusstsein. Deshalb muss dort der Ort sein, wo das Objektivieren und Benennen stattfindet. Das Ich, das Subjekt und das erkannte Objekt erschienen gleichzeitig innerhalb des Bewusstseins und sind somit voneinander abhängig, sie bedingen einander. Ohne das Subjekt, den erscheinenden Ich-Gedanken, gäbe es kein Objekt und ohne Objekt kein Subjekt. Somit sind das erkennende Subjekt wie auch das erkannte Objekt innerhalb des Bewusstseins nur Spiegelungen, Traumbilder und Traumfiguren. Es sind illusionäre Abläufe, Bewegungen im Gehirn, die durch Objektivieren und Identifizieren in Gang gesetzt wurden. Um diese Traumbilder zu sehen, muss eine innere Instanz da sein, die absolut losgelöst und jenseits von diesen Traumbildern ist, sonst wäre es gar nicht möglich, diese zu objektivieren.

Stell dir vor, du befändest dich in einem Raum, in dem absolut kein Licht ist. Du konstatierst, dass es dunkle Nacht ist, aber es ist völlig ausgeschlossen, dass Dunkelheit sich selbst sehen kann. Es ist eine innere Instanz, die die Dunkelheit sieht und sagt, es ist dunkel. Diese innere Instanz, dieser Seher kann unmöglich Dunkelheit oder Illusion sein. Die Filmleinwand bleibt von den Bildern, die auf sie projiziert werden, unversehrt. Flut- und Brandkatastrophen berühren und beschädigen sie nicht, weshalb? Die Bilder sind unwirklich, die Leinwand ist wirklich. Das Wesentliche, das, was du wirklich bist, Essenz, reines Bewusstsein, erscheint und vergeht nie. Durch Objektivieren und Benennen entsteht im Bewusstsein eine Bewegung, das Nicht-Aktive wird aktiv, und durch diese innere Aktivität projiziert sich durch unsere Sinne die äußere, wahrgenommene Welt. Durch diesen Vorgang entsteht die Illusion, ein individuelles Wesen zu sein, das unabhängig von der Totalität denkt und handelt und diese wahrgenommene Welt als »mein« deklariert.

Der Körper mit seinen Sinnesinstrumenten und die gesamte Welt, die durch diese wahrgenommen und interpretiert wird, ist nichts als eine Erscheinung im Bewusstsein. Die erdachte Welt ist wie eine Welle auf dem Ozean. Die gesamte Masse des Ozeans wird durch diese Welle nicht im Geringsten beeinflusst, auch das Bewusstsein, in dem sich dein subjektives Dasein spiegelt, wird durch diese Spiegelung nicht im Geringsten beeinflusst. Erkenne, du bist weder ein Ich noch ein Du noch die Welt, du bist reines Bewusstsein. In der Wirklichkeit gibt es keine Verschiedenheiten, nur dich!

Diese mit gewaltiger Kraft ausgesprochenen Worte lösten in mir ein ozeanisches Empfinden aus, alles schien sich aufzulösen, und ich erkannte, was ich wirklich bin.

Ich bin nicht der Körper

Einmal beim Fahrradfahren wurde mir plötzlich klar, dass ich tatsächlich nicht der Körper bin. Aus dem Nichts heraus begriff ich, was das wirklich bedeutet. Eine Wahrheit, die man wohl intellektuell aufnehmen kann, die aber eine völlig andere Dimension bekommt, wenn man sie mit dem Herzen versteht und realisiert. Das ist für mich das Kostbare an dieser Arbeit mit Mario, sie entspringt der Weisheit des Herzens. Die geballte Liebeskraft, die ich durch die Verbundenheit mit ihm erlebe, durchbricht meine noch vorhandenen Begrenzungen, und in diesen sehr intensiven Momenten erahne ich, welche Glückseligkeit uns umgibt. Die Tür in die Ewigkeit öffnet sich einen kleinen Spalt und lässt ein klärendes und erlösendes Licht herein.

24. Das Herz fließt über – die Worte verschwinden

Dominik Schott – Deutschland

Die Arbeit mit Meister M findet so sehr außerhalb aller Konzepte und Vorstellungen statt – was könnte ich also erzählen, ohne gleich tiefe Erfahrungen mit Worten enger zu schnüren, als sie sind? Natürlich gibt es schöne Begebenheiten, aber die wesentlichen Eindrücke sind unmittelbare, bildlose Belehrungen, die sich jeder Beschreibung entziehen. Gedanken und Gefühle kann man schildern, aber diese feine, helle Kraft, die von ihm ausgeht, die alles belebt und alles durchdringt, ist unfassbar und unerklärbar. Auch wenn ich das Wesen dieses Lichtstromes nicht beschreiben kann, ich kann sehen, wie sich die Dinge durch dieses gewaltige Licht verändern, wenn sie von diesem durchdrungen werden.

Die Frage, ob ich einen Meister habe, hatte mir nie jemand gestellt, auch ich selbst nicht. Während der Arbeit an diesem Buch leuchtet jedoch die Gewissheit in mir herauf, dass Mario Mantese als erlösende Kraft sehr tief in meinem Herzen wohnt. Ich verliere gerade meine Scheu, so etwas laut zu äußern. Nüchternheit war mir sehr wichtig, und ich war schon immer skeptisch gegenüber allen Autoritäten. Aber es gab noch einen anderen Grund für meine Hingabesperre. Als ich mit achtzehn Jahren unter Tränen Yoganandas »Autobiographie eines Yogi« gelesen habe, wünschte ich mir nichts sehnlicher, als meinem Meister zu begegnen. Aber so ein Meister schien mir etwas Metaphysisches, das es – wenn überhaupt – nur weit weg im Himalaja gab. Aber hier und heute? Quasi um die Ecke? Das wäre ja völlig unromantisch und viel zu einfach gewesen. So einem befreiten Wesen tatsächlich zu begegnen konnte ich mir einfach nicht vorstellen. Zudem hätte es ja womöglich das Ende dieser aufregenden Suche nach spiritueller Erkenntnis bedeutet. Wie konnte ich ahnen, dass mir genau diese Gnade schon zwei Jahre später widerfahren sollte?

Ein langjähriger Freund von mir hatte von einem Musiker gehört, der aus dem Jenseits zurückgekehrt sei und jetzt als eine Art Heiler arbeiten würde. Jedenfalls würde es eine Zusammenkunft auf einer Alm in den Schweizer Bergen geben – unter einer Bedingung: Es müssten mindestens neun Menschen aus Deutschland kommen. Das Erstaunliche war, dass auf diese karge Information hin sich tatsächlich neun Menschen fanden, die neugierig genug waren, zu dieser Begegnung zu fahren, und dies, obwohl keiner von uns wusste, um was es da eigentlich ging. Wir alle waren auf der Suche, doch keiner von uns ahnte, dass diese zwei Tage mit ihm unser Leben total verändern würden.

Es war schon dunkel, als wir in der Region des Napf-Gebietes ankamen. Hatte überhaupt jemand eine klare Wegbeschreibung? Als wir das letzte Dorf mit Straßenbeleuchtung und einem Gasthof Richtung Berg verließen, hatte ich das Gefühl, einen Fehler gemacht zu haben. Es wurde immer dunkler und steiler. Aus Asphalt wurde Forstweg und schließlich ein Trampelpfad. Etliche Kurven später hörte der Weg einfach auf, mitten im Wald an einem steilen Hang. Die Räder der Autos drehten durch, und wir rutschen über Laub und Geröll. Mit vereinten Kräften schoben wir die Wagen wieder auf festen Boden. Nachdem später einige Ziegen unseren Weg gekreuzt hatten, tauchte aus dem Nichts plötzlich ein junger Bursche mit fröhlichen Augen auf. Es war der Hirte, der in diesem Jahr bei unserer Gastgeberin auf der Alm arbeitete. Er lotste uns durch die Dunkelheit zum Haus.

Am nächsten Tag traf Mario Mantese ein. Wir saßen vor der Hütte, und er erzählte uns von seinem Unfall. Er war als erfolgreicher Popmusiker genau dort gewesen, wo ich hinwollte. Aber dann sagte er: »Indem ich alles verloren habe, habe ich alles gewonnen.« Wie konnte das sein? Diese Aussage gab mir zu denken, und ich fragte ihn danach.

F: Wie meinst du das, alles verloren, alles gewonnen?

MM: Ich habe meine Karriere, meine Gesundheit, meine langjährige Beziehung und meine ganzen finanziellen Mittel verloren. Alles, was ich zu besitzen glaubte, hatte sich innert kürzester Zeit in nichts aufgelöst. Als ich nach meinem Unfall einen Monat später aus dem Koma erwachte, realisierte ich, dass ich blind, stumm und am ganzen Körper gelähmt war. Alles, was ich zu sein glaubte, war gelöscht. Etwas völlig Neues und Unerklärbares war in mir erwacht.

F: Du warst klinisch tot, hat dies mit dem »Alles gewonnen» zu tun?

MM: Es war ein wichtiges Ereignis. Ich war mehrere Minuten klinisch tot und erlebte eine gewaltige Reise durch jenseitige Welten. Ich erkannte später, dass diese Reise durch unbekannte Welten den Tod meines Egos bewirkt hatte und dass ich nun zeitlos, raumlos und körperlos in diesem gelähmten Körper lebte. Ich realisierte, dass ich nie ein Körper gewesen bin und sowohl das Ich wie auch der Körper nur Erscheinungen im reinen, allgegenwärtigen Bewusstsein sind. Fortan nahm ich das Leben und die Welt wie einen Traum wahr, ohne jegliches Zeitgefühl und ohne die Illusion, ein individuell existierendes Wesen zu sein.

F: Was hast du wirklich gewonnen?

MM: Ich habe die Einsicht gewonnen, dass es ichlos nichts zu verlieren und nichts zu gewinnen gibt und dass das, was wir wirklich sind, todlos, formlos und grenzenlos ist. Es ist ein Gewinn ohne einen Gewinner!

Die Zusammenkunft bestand aus viel Stille. Er führte uns mit seiner Kraft durch eine tiefe, traumartige Bilderwelt. Ich hatte das Gefühl, immer tiefer in ein Gewölbe von Assoziationen zu steigen, doch irgendwann gab es keine Bilder mehr, nur noch eine Empfindung von Präsenz. Jedes Zeitgefühl war verschwunden, und die einzige räumliche Wahrnehmung war, dass ich selbst der ganze Raum war. Ich war in mir, neben mir, außerhalb von mir. Als ich meine Augen öffnete, war ich mir sicher, dass ich zwischendurch meinen Körper verlassen hatte.

Er bestätigte: »Oh ja, wie die Engel seid ihr umhergeflogen, doch jetzt ist Schluss damit.« Er wollte, dass wir kurz erfahren, dass es ein Leben jenseits der Körperlichkeit gab und dass der Mensch nicht der Körper ist (seine Arbeit hat sich allerdings im Laufe der Jahre völlig gewandelt).

Natürlich hatte ich brennende Fragen, die ich ihm gerne stellen wollte. Doch schon damals, wie auch heute noch, ist es so: Ist er anwesend, lösen sich unmittelbar alle Fragen auf. Auf diese Art habe ich oft einen inneren Dialog mit ihm, der mir einiges an Telefonkosten spart. Ich stelle meine Frage innerlich und schon ist sie weg, unmittelbar aufgelöst, und eine tiefe Klärung hat sich unmittelbar vollzogen.

Gott schläft nicht

In den folgenden Jahren kam ich zu seinen Treffen nach München, wusste aber eigentlich nicht genau warum. Es war ein unbestimmtes Gefühl, ich spürte, dass diese Zusammenkünfte gut oder wichtig für mich sein könnten. Jedes Mal hoffte ich, dass sich mir der Sinn dieser Treffen erschließen würde. Mir fehlte damals die Antenne, um die wahre Dimension dieser Zusammenkünfte erkennen zu können.

Ich kannte ihn nun schon einige Jahre, da trafen wir uns einmal an seinem Wohnort in einem Café. Wir sprachen über die Intensität und die Wichtigkeit seiner Zusammenkünfte und ich konnte ihm meine diesbezügliche Frage stellen.

F: Warum kann mich diese heilige Kraft nicht immer begleiten? An den Zusammenkünften ist sie voll da, aber im Alltag scheint sie wieder aus mir zu weichen, warum ist das so?

MM: Ununterbrochen schaue ich nach euch, mit jedem Atemzug, mit allem, was ich bin, und allem, was wirklich ist, deshalb seid ihr nicht getrennt von mir, doch ich bin nicht das, was ihr glaubt.

Da dämmerte mir, dass seine Arbeit keine Mittagspause macht oder sich nachts zum Schlafen legt, sondern in jeder Sekunde ihr erlösendes Werk vollbringt. Plötzlich wurde mir klar, dass jeder meiner Atemzüge von diesem ewigen Licht belebt und begleitet wird, ob ich mir dessen bewusst bin oder nicht. Wie konnte ich irrtümlicherweise mein Leben zwischen heiliger Lichtkraft und Alltag trennen, da es in Wirklichkeit nur die eine immerwährende anfangslose Quelle, nur einen Gott gibt. Ich musste mir eingestehen, ich hatte bisher diese heilige Arbeit als einen spirituellen Ausflug gesehen, dabei war und ist sie mein ganzes Leben. – Beinahe schämte ich mich, dass ich diese unfassbare Dimension so lange verkannt hatte. Plötzlich war mir klar, dass ich hier tatsächlich nicht nur einen Freund, sondern meinen wahren Meister gefunden hatte. Ein spiritueller Meister, der völlig im Unbegrenzten lebt und der mich an der Hand nimmt und aus der Dunkelheit ins ewige Licht führt.

Es gibt keinen Weg, und wir gehen ihn doch

Ein besonders hartnäckiges Trugbild ist die Vorstellung vom spirituellen Weg, auf dem manche schon weiter sind, während andere noch weit vom »Ziel« entfernt sind. Diese hartnäckige Vorstellung wurde eines Tages gründlich umgeworfen. Eines Abends erzählte er mir am Telefon, dass vor vielen Jahren sein Körper innerlich tagelang gebrannt hätte und er ohne Schlaf in einem Dauerzustand des Ablösens gewesen sei. Niemand durfte ihn berühren und sogar die Kleider am Körper schmerzten ihn. Sein Körper sei damals völlig umgebaut worden, das Ewige habe alles Zeitliche endgültig verbrannt.

Als er mir das erzählte, dachte ich: »Meine Güte, sogar ein so verwirklichter Mensch wie er hat noch Dinge aufzuarbeiten!« Er muss meine Gedanken gehört haben, denn er fuhr fort: »Es gibt in dieser erlösenden Arbeit kein Ziel, ich werde immer gehen, ich bin ein Gehender und das, obwohl nie jemand gekommen ist, der irgendwohin gehen könnte!«

Diese von ihm mit großer Kraft geladenen Worte drangen tief in mich ein und zogen mir den Boden unter den Füßen weg. Kein Ziel? Galaxien von einschüchternder Größe öffneten sich in mir. Erst in diesem Moment bemerkte ich, wie sehr ich bisher ganz selbstverständlich davon ausgegangen war, irgendwann »anzukommen«. Später erklärte er noch: »Ich gehe nirgendwo hin, der Geher ist eine Erscheinung im Bewusstsein, ich bin hier!«

Diese Momente tiefer Belehrung, wenn aus kaltem Wissen plötzlich klares, intuitives Erkennen wird, sind besonders kostbar. Was ein Körper, der uns fest und fleischlich vorkommt, wirklich ist, hat er mir einmal mit viel Humor gezeigt. Wir saßen in München beim Essen und er erzählte, dass er früher manchmal in Restaurants völlig ignoriert wurde, weil die Kellner nur seine Behinderung sahen und dann entweder ganz langsam oder sehr laut mit ihm sprachen, und das, obwohl er ausgezeichnet hört. Oder sie fragten gleich die anderen Personen am Tisch: »Was darf man ihm bringen?« Sie dachten, er sei betrunken oder voll Drogen. Ich musste lachen bei der Vorstellung, doch dann sagte er etwas, das mich aufhorchen ließ: »Die Menschen sind oberflächliche Wesen, sie bleiben mit ihrer Wahrnehmung immer an der Oberfläche haften.« Dabei sah er mich mit sehr amüsierten großen Augen an. Er hatte diese Worte mit einer immensen Kraft aufgeladen, sodass der tiefe Sinn dieser einfachen Aussage sofort und unmittelbar als Erkenntnis einschlug. Ich sah plötzlich, wie sein Körper transparent wurde und nur noch aus vibrierendem Licht bestand. Ich spürte das starke, allumfassende strahlende Energiefeld seines Wesens. »Er ist reines Licht«, erkannte ich. Jetzt war mir klar, wie flüchtig und unwesentlich das sichtbare Kleid dieses universellen Lichtmenschen ist, und realisierte die unfassbare Unbegrenztheit dieses Menschen, der neben mir saß. Beim Essen an diesem Abend formte er das schöne Bild: »Komm, lass uns jetzt die Illusion füttern.«

Darshan

Lässt sich das beschreiben, wie es sich anfühlt, wenn das Herz überfließt? Nicht vor Glück oder Freude, nein alles gleichzeitig, Freude, Glück und Liebe in einem unaussprechlichen Ausmaß. Es fließt eine warme Kraft zu allen und durch alle, alles Dunkle und Mühselige wird weggeschwemmt, nichts bleibt außer diesem Lichtozean. Die Herzen sind gefüllt mit dem Glanz der Ewigkeit – so fühlt sich der Darshan mit Mario Mantese an. Er sitzt vorne auf einem kleinen Sofa, die vielen Teilnehmer sitzen auf Kissen auf dem Boden. Der Raum ist mit leuchtenden Blumen und brennenden Kerzen geschmückt. Früher hätte ich gedacht, aha, ein Guru, er segnet seine Anhänger, schon mal verdächtig. Der Guru ist perfekt und erleuchtet und die da sitzen wären gerne auch so perfekt und erleuchtet wie er. Nichts für mich. Vielleicht, wenn ich als Inder zur Welt gekommen wäre.

Heute bin ich unermesslich dankbar, in dieser heiligen, leuchtenden Strahlung sein zu dürfen und diesen Nektar zu trinken. Alles Begrenzte und Lieblose löst sich in dieser liebenden und gütigen Kraft auf, zurück bleibt unbeschreibliche Fülle und Gnade. Es ist die direkte Begegnung – ich wage kaum, es hinzuschreiben – mit Gott. Ja, für einen Augenblick sehe ich in das Antlitz Gottes, in die liebenden Augen eines Menschen, der in dieser Welt ist, aber nicht mehr von dieser Welt. Wie konnte ich je vergessen, dass ich diese Liebe nicht verdienen muss, weil sie schon in mir wohnt? Ich fühle, wie jede Zelle des Körpers mit dieser unendlichen Kraft ein- und ausatmet.

Da ich beim Darshan für die Musik zuständig bin, sitze ich ganz vorne an seiner Seite. So bade ich im Licht und trinke Glückseligkeit und sehe, wie sein Liebesstrahl auf die Menschen trifft. Ein älterer Schlaganfallpatient kommt nach vorne und kniet nieder. Er kann nur mit Mühe das Gleichgewicht halten. Offenbar ist eine Seite gelähmt. Mario »bearbeitet« kurz die taube Seite, ohne den Mann zu berühren. Er bewegt seine Hände in der Luft, und die Kraft, die von ihm ausstrahlt, ist so gewaltig, dass der gefühllose Arm des Mannes augenblicklich stark zu zittern und zu zucken beginnt. Momente später zittert sein ganzer Körper heftig. Der Mann weint. Seine Frau steht einige Schritte hinter ihm und weint auch. Wie viele Sorgen und wie viel Leid mag die Behinderung den beiden schon bereitet haben und wie leicht scheint sich jetzt ein Knoten zu lösen. Viele haben beim Darshan Tränen in den Augen oder schluchzen los. Andere sind still und tief berührt von der göttlichen Kraft. Es ist ein Geschenk!

Unerwarteter Besuch

Bis vor Kurzem hatte ich gewisse Blockaden und Ängste, mich dieser egolöschenden Kraft und Liebe völlig hinzugeben, bis zu jenem sehr speziellen Tag. Wir waren mit Mario Mantese in einem schönen Restaurant in der Schweiz verabredet. Bei einem köstlichen und ausgedehnten Essen sprachen wir unter anderem auch über das Thema »spiritueller Meister«. Es war mir voll bewusst, dass ich hier einem ungewöhnlichen Menschen gegenübersaß, doch irgendwie war ich beim Thema »spiritueller Meister« blockiert. Der eigentliche »Durchbruch« kam danach, als meine Frau und ich in unser Hotelzimmer zurückgekehrt waren.

Ich hatte mich gerade ins Bett gelegt, das Licht gelöscht und segelte geruhsam Richtung Schlaf, als Mario plötzlich vor mir stand. Ich sah ihn mit geschlossenen Augen – aber es war mit Sicherheit kein Traum, ich schlief nicht. Seine ganze Erscheinung war pures Licht und verströmte eine enorme Energie, die mich wie ein warmer güldener Schauer einhüllte und erhob. Ohne die Lippen zu bewegen, fragte er mich telepathisch: »Na, was ist nun mit dem Meister?« Dann lachte er mich freudestrahlend an, kam einen Schritt auf mich zu und umarmte mich. Ich dachte noch: »Wie seltsam, er umarmt mich doch sonst nie«, aber im selben Augenblick floss seine unermessliche Liebe durch mich. Ich war eins mit dieser göttlichen Schwingung, und alle Zweifel und Ängste wurden augenblicklich weggesprengt. Ich habe es knacken hören, seitdem wohnt er tief in meinem Herzen. Ich habe meinen Meister gefunden! Oder hat er vielleicht mich gefunden?

25. Ich bin nicht der Körper

Pietro Gentilini – Italien

Seit mehreren Jahren war ich auf der Suche nach meinem spirituellen Weg. Ich besuchte Vorträge, las esoterische Bücher und informierte mich bei verschiedenen spirituellen Gruppierungen. Schließlich trat ich einem bekannten esoterisch-mystischen Orden bei, dort glaubte ich, die richtigen Antworten zu erhalten. Der Forscher in mir ging allen spirituellen Fragen nach, und so war es nur eine Frage der Zeit, bis ich eines Tages von der Person Mario Mantese erfuhr. Es war im Jahr 1992, als ich ihm das erste Mal begegnete.

Ich hörte weise Worte, Inhalte, die sich in gewisser Weise mit meiner esoterischen Schulung im Orden deckten. Und trotzdem, ich empfand seine Worte als permanente Angriffe, die alles, was ich bisher gehört und gelesen hatte, in Frage stellten. Ich war sehr aufgewühlt und begann allmählich an allem zu zweifeln. Dazu kamen seine ungewöhnlichen Fragen, die unmittelbar mein Gehirn leerten und mir das Denken verunmöglichten. Ich saß perplex auf dem Stuhl und wusste nicht, was mit mir geschah.

Ich war von etwas Tiefem und Unfassbarem berührt worden, ich fühlte, dass ich in dieser spirituellen Arbeit bleiben sollte. Fortan sah ich ihn nur zwei Tage im Jahr an den Zusammenkünften, parallel fuhr ich mit dem esoterischen Studium im Orden fort. Als mein Freund Franco später die Organisation für die französischen Zusammenkünfte übernahm und auch ich kleine Arbeiten für ihn verrichtete, sah ich Mario häufiger. Wir trafen uns ab und zu zum Mittagessen und diskutierten über organisatorische Dinge. Hier ergab sich die Möglichkeit, ihn persönlich kennenzulernen und ihm Fragen in Bezug auf meinen spirituellen Weg zu stellen.

F: Wie kann ich das höchste Bewusstsein erreichen?

MM: Gar nicht! Wie kannst du etwas erreichen, das du bereits bist? Der Körper ist eine Projektion des Geistes, er erschafft den Körper samt dem Gehirn und den Sinnesinstrumenten und dann behauptet er, er würde dort wohnen, doch das ist ein Missverständnis. Du kannst weder den Körper noch die Welt außerhalb des höchsten Bewusstseins sehen. Das, was du siehst, siehst du nur, weil du das, was du siehst, selbst bist, nämlich die Totalität. Es ist unmöglich, etwas außerhalb des höchsten Bewusstseins zu sehen, da es in ihm keine Trennung gibt! Alle Dinge, die du wahrnimmst, und das, was du dir vorstellst, erreichen zu können, sind gleich einer Wasserblase auf dem Ozean der Wirklichkeit. Das höchste Bewusstsein, dieser Ozean der Wirklichkeit, ist das, was du bist. Warum bemühst du dich so sehr, dich selbst zu erreichen, da du das, was du erreichen möchtest, schon bist? Du kannst gar nichts anderes sein.

F: Selbstlos der Welt und der Menschheit zu dienen ist doch auch ein Weg zum höchsten Bewusstsein?

MM: Hast du dich letzte Nacht, als du schliefst, auch bemüht, selbstlos der Welt und der Menschheit zu dienen? Im Schlaf hast du weder die Welt noch die Menschheit wahrgenommen, sie waren im Bewusstsein gelöscht und absolut inexistent. Erst nachdem du am Morgen im Bett erwachtest, dachtest du wieder an die Welt und die Menschheit. Doch mit oder ohne Welt, du hast unabhängig von ihr existiert. Du bist nicht die Welt, du nimmst sie bloß als solche wahr.

Sieh jetzt genau hin: Die Welt tritt am Morgen mit Gedanken ins Dasein, was kann sie demnach anderes als ein Gedanke sein? Hat die Welt dir gesagt: »Ich bin die Welt«, hat dein Körper dir gesagt: »Ich bin der Körper«? Nein, du bist es, der dies denkt und ausspricht. Diese Gedankenkonstrukte sind deine eigenen Projektionen und die hängen ausschließlich vom Ich-Gedanken ab. Da das Ich selbst nur eine Vorstellung, eine Projektion im Bewusstsein ist, erübrigen sich deine Vorstellungen, die du von der Welt und der Menschheit hast.

Finde heraus, was du wirklich bist, dann ist alles in Ordnung und allen geholfen. Du brauchst dich nun nicht mehr um das Erreichen des höchsten Bewusstseins zu kümmern, sei entspannt und klar!

Ein Tränenausbruch

Monate später nach diesem Gespräch waren wir wieder einmal verabredet. Er wollte mit uns über die Möglichkeit sprechen, seine Bücher in französischer Sprache zu veröffentlichen. Es war Sommer, wir saßen unter einem großen Lindenbaum im Garten eines Restaurants und unterhielten uns. Ich war damals sehr gestresst, ich hatte große Probleme am Arbeitsplatz, und dies hatte er gleich wahrgenommen. Ein Lichtstrahl ging von ihm aus und drang tief in mich ein. Plötzlich spürte ich eine heftige Emotion in mir aufsteigen, wie eine gewaltige Sturmflut schoss diese gewaltige Kraft in mir hoch. Es war absolut unmöglich, sie zu kontrollieren, ich schluchzte laut und Tränen flossen aus meinen Augen.

Ich weinte laut und lange wie ein Kind. Wortlos saß er neben mir und erlaubte mir so, mich auszuweinen. Als ich mich allmählich beruhigt hatte, erklärte er mir, dass dies eine tiefe Reinigung bewirkt habe, ausgelöst durch die universelle Liebeskraft. Man nenne solche Reaktionen »Kriyas«, dies sei ein ganz normaler Vorgang. Viele Menschen hätten in seiner Anwesenheit ähnliche Erfahrungen, das sei nichts Besonderes.

Zeit der Entscheidung

Einige Wochen später rief er mich unerwartet an, um mir zu erklären, dass die spirituelle Arbeit im Orden, in dem ich war, sicher gut sei, sich jedoch mit der Arbeit seiner Inneren Kreise nicht vereinbaren ließe. Diese sei völlig anderer Natur, das sei mir sicher klar. Es gehe hier nicht um eine Wertung, dass etwa eine Arbeit besser wäre als die andere oder die eine richtig und die andere falsch, sondern einfach um die Tatsache, dass es absolut unmöglich sei, beide Wege gleichzeitig zu gehen. Ich wollte wissen warum. Seine Erklärung war die Folgende:

Im Orden lehre man uns viele spirituelle Übungen, Meditations- und Atemtechniken, Visualisierungsübungen, Rituale und Mantren. Seine Arbeit jedoch sei es, alle diese Ego-Tätigkeiten endgültig zu beenden und zu entfernen, denn bei der Ausübung all dieser Techniken und Übungen sei das Ego immer im Mittelpunkt des Geschehens. Es selbst sei Erfinder und Ausübender dieses Tuns, und es dürste immer nach Macht und Anerkennung. Durch solche Übungen und Techniken entstehe die Illusion, dass es einen Weg aus Zeit und Raum in die Ewigkeit gebe, einen Weg, den das Ego – die subjektive

Persönlichkeit – gehen könne. Da aber das Ego selbst nur eine Erscheinung im Bewusstsein sei, seien alle Übungen und Techniken nicht mehr als eine Fata Morgana in der Wüste – er glaube nicht, dass Gott Übungen mache, um Gott zu sein!

Seine starken Worte bewirkten einen Schock, sie waren absolut kompromisslos. Nach mehreren Tagen und Nächten tiefer Betrachtung und intensiven Nachdenkens wurde mir klar, dass ich meinen spirituellen Tourismus endgültig beenden musste. Ich hatte mich zu entscheiden. Ich trat aus dem Orden aus und verabschiedete mich von den Übungen und Techniken, die ich erlernt hatte. Ich staunte, denn als ich all diese Dinge wirklich losgelassen hatte, entdeckte ich das, was er »das Gesicht der Liebe« nennt. In dem Moment, als ich dieses Thema innerlich abgeschlossen hatte, nahm ich die gewaltige Lichtkraft, die aus ihm strahlt, neu wahr. Einmal mehr hatte er mir gezeigt, dass wahre Klärung wahre Erlösung ist. Nie hatte er mich zu einer Entscheidung gedrängt, er wollte, dass ich in mich gehe und selbst die für mich richtige Lösung finde – ich habe sie gefunden!

Ich habe den Kontakt zu mir selbst wiedergefunden, zu meinen Gefühlen, Emotionen, Ängsten und Freuden aus meiner Kindheit, von denen ich abgeschnitten war. Ich hatte sie im Laufe meines Lebens zugeschüttet, und dies, ohne mir dessen bewusst zu sein. Immer wieder spüre ich seine starke Präsenz in meinem Alltag. Ich spüre seine gewaltige Kraft physisch im Herzen, im Kopf oder an anderen spezifischen Stellen im Körper.

Auch wenn ich ab und zu mit ihm telefoniere, habe ich starke »Kriyas«, ich breche in Tränen aus und weine laut. So alldurchdringend und allgegenwärtig ist das gewaltige Licht, das von ihm ausströmt.

Als ich das erste Mal in Zürich ein Intensiv-Seminar besuchte, hatte ich ein sehr starkes Erlebnis. Da ich die deutsche Sprache kaum verstehe, wollte ich für die Atmosphäre des Seminars und für die ausstrahlende Lichtkraft ganz offen sein. Als wir dann in die Stille gingen, wurde ich von einer gewaltigen Welle dieser heiligen Kraft, die von ihm ausgeht, überflutet; eine große Hitze brannte im Bereich meines Herzens. Eine sehr starke Emotion, so wie ich sie bei meinem ersten Kriya erlebt hatte, schoss in mir hoch. Ich hatte das Gefühl zu brennen. Nach etwa zwanzig Minuten wandelte sich dieser Zustand in einen unbeschreiblich tiefen Frieden, eine große Ausgeglichenheit durchflutete mich – eine heilige Reinigung und Erlösung war mir zuteil geworden.

26. Kenner meiner Seele

Sonja Grimm – Deutschland

Mario Mantese lernte ich als eine liebenswürdige und humorvolle Person während einer Zusammenkunft in der Schweiz kennen. Mit ihm teilte ich gerne mein »Guten-Morgen-Müsli« beim Frühstück. Doch die weit wichtigere Seite seines Wesens nahm ich in den Stunden wahr, in denen wir zusammensaßen, sprachen und schwiegen. Die Person, die mir jetzt gegenübersaß, hatte mit der, mit welcher ich noch vor kurzer Zeit gefrühstückt hatte, nur wenig gemein. Vor wenigen Augenblicken war er als Person noch total greifbar gewesen, ich hatte mich amüsiert über den Schalk, der aus seinen Augen blitzte, als wir gemeinsam über einen Witz in Gelächter ausbrachen. Jetzt schien alles Persönliche vollständig aus ihm gewichen zu sein. Er befand sich in einem Zustand tiefer Stille und die unglaublich starke Lichtkraft, die von ihm ausging, durchflutete mich.

Es war mir jetzt fast unmöglich, seinem Blick standzuhalten. Wie zwei Feuerstrahlen durchdrangen mich seine Augen, und ich fühlte mich durchschaut und demaskiert. Mein ach so toll gebasteltes Persönlichkeitsfähnchen konnte ich wieder in die Tasche stecken. Das sich selbst beweihräuchernde Ich bekam in dieser Kraft Risse. Mein Intellekt lief am Anfang in den Gesprächen mit ihm zu Höchstform auf und klopfte alles nach Erklärungen ab. Doch so sehr ich mich auch bemühte, klarzusehen, ich stolperte und verlor innerlich jeglichen Halt. Was passierte hier? Er stellte innert kürzester Zeit alles auf den Kopf, was ich bis dahin gelesen, gehört und gesehen hatte, er erschütterte mich zutiefst. Mein Weltbild kam ins Wanken. »Ich und die anderen« oder »ich gegen den Rest der Welt«, dieses Konzept fiel wie ein Kartenhaus in sich zusammen.

Seine Art zu kommunizieren ist sehr vielschichtig. Obwohl das, was er erzählte, durchaus logisch ineinander überging, war es mir dennoch nicht möglich, seine Worte mit dem Intellekt zu analysieren und zu verstehen. Aussagen wie »Erlösung von den Lösungen« oder »Es gibt kein Ziel« oder »Der Tod muss sterben« brachten meine Konzepte völlig aus dem Ruder. Alles, was er sagte, war so absolut – es zog mir fast die Schuhe aus. Gleichzeitig jedoch kommunizierte er mit meinem Herzen – das konnte ich deutlich spüren, denn ich war zutiefst bewegt. Eine mich ständig begleitende Sehnsucht nach Liebe und Stille schien plötzlich nicht mehr so laut in mir zu schreien, und ich merkte, wie ich innerlich ruhiger wurde. Das Getriebensein ließ nach, und das endlose Geplapper, das wie ein kleiner herumwirbelnder Motor in mir lärmte, wurde ruhiger.

Jetzt lag ich auf dem Rücken in der Mitte eines Dachstocks in einer Schweizer Almhütte und im Kreis um mich herum saßen meine Freunde. Ich schloss meine Augen. Ich wusste, was jetzt geschehen würde, denn ich hatte es vorher bei den anderen gesehen. Seine Hände wanderten im Abstand von etwa einem Meter kurz über meinen Körper, als ich plötzlich um meine eigene Achse wirbelte, während mein Körper bleiern am Boden liegen blieb. Es war eine höchst ungewöhnliche Erfahrung. Ich schlug körperlose Loopings, jegliches Zeitgefühl war von mir gewichen. Es war mir unmöglich, zu sagen, wie lange es dauerte, bis ich mich wieder in meinem Körper fühlte. Dieser pulsierte äußerst intensiv, und ich hatte ein starkes Gefühl von Transparenz. Jedes einzelne Atom meines Körpers schien sich in einer ungeheuren Geschwindigkeit zu bewegen. Ich war froh, mich danach an eine feste Mauer lehnen zu können, während ich Zeuge wurde, wie man einen meiner Freunde stützen musste, weil ihm diese ungeheure Kraft im wahrsten Sinne des Wortes den Boden unter den Füßen weggezogen hatte. Er konnte sich kaum noch auf den Beinen halten, und sein Körper war wie eine inhaltslose Hülle. Dies alles ließ meinen auf Wissen trainierten Verstand kapitulieren. Erschöpft ließ ich los, da brach in mir eine lang verschlossene Tür auf. Plötzlich erkannte ich, wer er wirklich ist!

Mario Mantese verkörpert eindeutig das, was er sagt, und drückt dies mit der Kraft eines Vulkans aus. Er ist für mich die personifizierte Liebe – er selbst spielt in dieser universellen Liebeskraft keine Rolle, er ist diese unpersönliche Liebe selbst. Im jahrelangen Zusammensein mit ihm habe ich klar erkannt, *ER IST DAS!* Vor nun fast vierzehn Jahren, bei dieser ersten Zusammenkunft, stellten sich in meinem Inneren die Weichen für einen neuen Kurs in meinem Leben. Weg von der Suche nach irgendwas da draußen – hin zum intuitiven Wahrnehmen!

Am seidenen Faden

Nach einem beruflichen Engagement, als ich unterwegs zu meinen Freunden war, hatte ich einen schweren Autounfall. Nachdem man mich aus dem Wrack geholt hatte, war ich verwundert, überhaupt noch am Leben zu sein. Als man mich dann im Hospital in ein Bett gepackt hatte, rief ich Mario an. Ich sagte: »Hallo«, und noch bevor ich ihm von meinem Unfall erzählen konnte, sagte er sofort: »Das war knapp! Dein Leben hing an einem Faden.« Er wusste bereits Bescheid! Für mich war das in diesem Moment keine Überraschung, denn Kommunikation dieser Art, dass er nonverbal mit mir in Verbindung trat, hatte ich schon öfters erlebt. Während ich mit ihm am Telefon sprach, heilte er mich. Abgesehen von einem Schock und Prellungen, die über meinen ganzen Körper verteilt waren, hatte ich eine Gehirnerschütterung, zwei Halswirbel waren aus ihren Gelenkkapseln gesprungen und mein vegetatives Nervensystem, mein Stoffwechsel und mein Hormonhaushalt waren entgleist. Mein Körper brannte, und ich hatte die ganze Zeit das Gefühl, neben mir zu stehen. Es war mir bewusst, dass ich meinen Körper verlassen hatte, denn ich sah ihn während des Unfalls unter mir im Auto sitzen, als sich dieses zweimal überschlug, bis es am Rand einer Böschung liegen blieb.

Die nächsten zwei Wochen waren ein Albtraum. Ans Bett gefesselt, fuhren meine Gefühle Achterbahn mit mir. Panikattacken, ausgelöst durch diffuse Bilder und Träume, die ich nicht deuten konnte, überfielen mich, und ich dachte, ich würde mich auflösen. Das machte mir große Angst. In Gedanken bat ich ihn, mir zu helfen, diese Angst in den Griff zu bekommen, diese große Angst, mich aufzulösen. Ich schloss meine Augen, und kaum hatte ich sie geschlossen, umspülte und durchdrang mich seine Liebeskraft. Ich sandte ihm den Wunsch: »Bitte, bitte, halt mich fest!«, und einige Augenblicke später spürte ich zwei warme und liebevolle Hände auf meinen Schultern. Ich war gehalten! Ich war beschützt! Ich war nicht allein! Ich war gehalten von dieser universellen Liebe.

Plötzlich war die Angst wie weggewischt, und ich erkannte die unglaubliche Freiheit, nicht mit all diesen »Abziehbildchen« meiner selbst identifiziert sein zu müssen. In diesem Moment war ich frei, Freude erfüllte mein Herz. Ich war unsagbar dankbar für diese Gnade und diese unendliche Güte. Tränen rannen über mein Gesicht und ich schlief ruhig ein. Am nächsten Morgen war ich wie ausgewechselt. Ich fühlte mich fit und stark.

Ich liebte es, meinen Alltag zu ritualisieren, und übersah dabei, dass ich damit einen Hexenkessel von Ängsten erschaffen hatte. Das Ritualisierte musste abgesichert werden, denn es war mir lieb und teuer, ich wollte es auf keinen Fall missen. Somit befand ich mich in einem Teufelskreislauf meiner eigenen Kreationen und war ständig mit ihrer Absicherung beschäftigt, was sehr viel Kraft und Energie brauchte. Ich liebte es, erkannt und anerkannt zu werden. Ich war das ganze Leben damit beschäftigt, bei jeder Gelegenheit einen repräsentativen Auftritt hinzulegen. Dazu häufte ich alles an, was meiner Meinung nach zu einem passablen Image nötig war. Als die Identifikation mit diesem vergänglichen Gehäuse einzubrechen drohte, fühlte ich mich wie von einem Orkan gepackt, ohne vorher eine Sturmwarnung erhalten zu haben.

All die Jahre war ich ein Spielball von Aktion und Reaktion gewesen und hatte die Zusammenhänge meiner eigenen Gefangenschaft nicht erkannt. Stattdessen verurteilte ich mich für mein Unvermögen. Ich wurde streng zu mir selbst und verhärtete, doch jetzt hatte diese große Liebeskraft die Wände des Kerkers, in den mein Herz eingemauert war, endgültig durchstoßen.

An einer der ersten Zusammenkünfte stellte ich ihm eine Frage.

F: Ich frage mich manchmal, was dieses Leben wirklich ist und warum ich überhaupt in dieser Welt bin? Ich habe nie eine befriedigende Antwort gefunden. Es gibt Tage, da scheint alles so sinnlos und leer! Wie komme ich aus dieser depressiven Dunkelheit heraus?

MM: Finden wir zuerst heraus, was du mit »mein Leben« meinst.

F: Alles, was ich täglich erlebe, die vielen Erfahrungen, meine Gefühle und das Zusammensein mit den Mitmenschen in der Gesellschaft, das nenne ich mein Leben.

MM: Doch dieses Leben verändert sich ständig, es ist keinen einzigen Moment das gleiche. Es verändert sich entsprechend deinen Gedanken, Gefühlen, Launen und Bedürfnissen, und auch dein physischer Körper verändert sich fortlaufend, du bist keinen Augenblick dieselbe Person.

F: Dies ist wohl der Grund, weshalb es so schwierig ist, den wahren Sinn meines Lebens zu finden?

MM: Trotz größter Anstrengung hast du diesen Sinn nicht gefunden. Lebenssituationen entstehen und lösen sich wieder auf, du wurdest geboren und irgendwann wirst du sterben. An einem Tag bist du glücklich, am nächsten unglücklich und betrübt. In einem Moment fühlst du dich erfüllt, im nächsten leer, voller Ängste, Verzweiflung und Hoffnungslosigkeit. Glaubst du, dass die Totalität sich verändert?

F: Ich verstehe nicht genau, was du mit Totalität meinst.

MM: Würdest du sagen, dass du immer ununterbrochen zufrieden oder ununterbrochen unzufrieden bist?

F: Nein, es sind vorübergehende Zustände, verschiedene Lebensphasen.

MM: Also sind diese Lebensphasen nur Erscheinungen, die kommen und gehen?

F: Ja, so erlebe ich es.

MM: Können Erscheinungen Wirklichkeit sein?

F: Ich sehe, was du meinst.

MM: Alles, was du mir von deinem Leben erzählt hast, sind doch nur solche Lebensphasen, Zustände, Vorstellungen, die kommen und gehen, nichts als Erscheinungen.

F: Stimmt.

MM: Eine Erscheinung braucht eine Grundlage, in der sie erscheinen kann, und diese Grundlage ist das Bewusstsein. Alles ist Bewusstsein. Weil du dich mit deinem Körper und deinen Sinneswahrnehmungen identifizierst, glaubst du an das, was du wahrnimmst, und das, was du wahrnimmst, nennst du »mein Leben«. Doch weil sich das, was du wahrnimmst, ständig verändert, bist du nie ganz sicher, dass das, was du siehst, wirklich so ist, wie du es siehst, und weil du über das Gesehene nachdenkst, bist du auch nie ganz sicher, dass das, was du denkst, wirklich so ist, wie du denkst!

In Wirklichkeit bist du nicht das Gedachte, das Gefühlte und das Wahrgenommene, da, wie du selbst erkannt hast, dies nur Erscheinungen und Überlagerungen sind. Leben kann so, objektiv gesehen, nur relativ sein, demzufolge ist es gar nicht möglich, so etwas wie ein persönliches Leben zu haben.

Versteh nun Folgendes: Das, was du »mein Leben« nennst, ist nur ein Konzept. Diese funktionalen Abläufe, die du Leben nennst, finden mittels der physischen Form durch die Sinnesinstrumente statt, doch der gesamte psychosomatische Organismus ist nur eine Erscheinung im Bewusstsein und als solcher wie ein Schatten in Bezug auf die Essenz, auf das, was du wirklich bist. Du bist niemals getrennt von der Totalität, auch wenn du manchmal das Gefühl hast, dich von Gott entfernt zu haben. Das ist gar nicht möglich, es kann nicht zwei Totalitäten geben. Deshalb sind alle deine Gedanken, Gefühle und Handlungen Ausdruck der einen, ewigen Totalität, doch als solche nur wie Schatten in Bezug auf die ewige Realität. Du bist nie nah oder fern, du bist hier! Sinn findest du nicht, Sinn ist das, was du wirklich bist!

Obwohl es mir nicht möglich war, seine Worte ganz zu verstehen, übten sie eine gewaltige Wirkung auf mich aus.

Ein neuer Blick in die Welt

Marion Mantese ist für mich ein Freund und ein Lehrer. Ich vertraue ihm absolut, denn ich weiß, dass er mein Herz besser kennt als sonst jemand, was mir durch unzählige Erlebnisse mit ihm immer bewusster wird. Ich weiß, dass es für ihn absolut keine Unterschiede gibt. Wer auch immer zu ihm kommt, es gibt keine Privilegierten. Alter, Geschlecht, Rasse oder gesellschaftlicher Stand sind für ihn völlig unwichtig. Alles Persönliche ist seiner Arbeit fremd. Er ist ein spiritueller Lehrer mit einer unbeschreiblichen Geduld, der meine Vorstellungsbilder zerplatzen lässt und mich immer wieder auf mich selbst zurückwirft.

Durch das Zusammensein mit ihm hat sich mein Blick in die Welt verändert. Die Welt ist immer noch die gleiche, aber mein Standort – wenn man das so nennen mag – ist ein anderer. Das Machtspiel »Wer ist die Beste im ganzen Land?« macht keinen Sinn mehr. Stattdessen treten Verständnis und Mitgefühl in den Vordergrund.

Unvergessen bleibt das Erlebnis, als ich an einer Zusammenkunft das schon so oft Gehörte »Es gibt nichts Festes« mit eigenen Augen sehen durfte. Nachdem ich mit geschlossenen Augen in der Stille dieser großen Kraft verweilt war und nun meine Augen öffnete, sah ich ihn in Abermillionen von Lichtteilchen vibrieren, wie eine Bildschirmauflösung – Tausende von Pixel. Er war diese immense Lichtkraft, und diese Kraft ließ seine vergängliche Hülle vibrieren. Ich kniff meine Augen zusammen und öffnete sie erneut. Langsam baute sich diese vibrierende Lichtmasse wieder zum festen Bild zusammen. Es war enorm und trotzdem weit entfernt von Sensation.

Mit allen Sinnen habe ich erfahren, wie einem der Atem stockt vor Erstaunen, wie Gedanken und Worte aufgesaugt werden – wie Tinte von einem Löschblatt –, wie nichts als diese enorme Liebeskraft Bestand hat. Sie erfüllt uns und führt uns ins Unermessliche. Durchtränkt und liebkost von seiner Liebe werden wir zu neuen Menschen. Das ist es, was wir an den Darshans und Zusammenkünften erleben, es ist wundervoll. Diese spirituelle Arbeit erfüllt mich, ich liebe das Leben. Ich liebe es, weil es mir diese grandiose Möglichkeit bietet. Hier, inmitten meiner Familie, meiner Freunde und meiner Arbeitswelt, vollzieht sich diese erlösende Arbeit mit ihm, diese Arbeit, die eigentlich gar keine ist, sondern ein Erwachen in die Liebe und Güte!

27. Als die Welt stillstand

Yolande Favre – französische Schweiz

Nach etwa fünfzehn Jahren intensiver spiritueller Suche hatte ich genug von Theorien, Konzepten, Gurus und Workshops, genug davon, herumzureisen und einer hypothetischen Erleuchtung nachzujagen. So beschloss ich, mich stillzuhalten und ganz einfach den Alltag zu leben und in dieser Richtung nichts mehr zu unternehmen.

Eines Tages wurde ich von einer Kollegin zu einer Zusammenkunft von Mario Mantese eingeladen, an der er, wie man mir sagte, französisch sprechen würde. Ich kannte ihn nicht und hatte nur vage einmal etwas von ihm gehört. Das Treffen sei ein Experiment, hatte man mir gesagt, denn es sei seine erste Zusammenkunft in französischer Sprache und er wüsste nicht, wie gut er sich in dieser Sprache würde ausdrücken können. Ein unergründlicher, starker Impuls, wie ein Ruf aus einer fernen vergangenen Welt, hatte mich dazu bewogen hinzugehen, und nun saß ich da und lauschte seinen tiefen Worten. Am Ende des Tages ging ich nach vorn, um mich von ihm zu verabschieden. »Wir werden uns wiedersehen«, sagte er ruhig. Ich hatte dem Satz nicht wirklich Beachtung geschenkt, aber drei Wochen später griff ich aus einem plötzlichen Impuls heraus zum Telefon und bat, ihn sehen zu dürfen. Ohne mir eine Frage zu stellen, vereinbarte er mit mir einen Termin. Ein paar Tage später war ich auf dem Weg aus den Jurabergen in die Stadt, wo er damals wohnte. Auf einmal war ich von einer unbegreiflichen Panik erfasst, eigentlich wusste ich überhaupt nicht, warum ich ihn sehen wollte. Bis jetzt hatte ich mir darüber keine Gedanken gemacht, es war alles wie von selbst gegangen, doch plötzlich hatte ich große Zweifel. Welchen Grund sollte ich ihm nennen, warum ich ihn treffen wollte? Ich schwankte, fand mich lächerlich und eingeschüchtert, eine unkontrollierbare Angst hatte von mir Besitz ergriffen.

Etwas zittrig klingelte ich an der Tür. Als er öffnete, hätte mir sein strahlendes Lächeln und seine Einfachheit meine Befangenheit eigentlich gleich nehmen sollen, aber ich setzte mich steif, fast gelähmt aufs Sofa. Dabei hatte ich am Tag zuvor zwei ganze Seiten Fragen, die ich ihm stellen wollte, aufgeschrieben: Fragen zu Meistern und Gurus, zu Geist und Seele, Tod, Selbstmord und Wiedergeburt. Die beiden Seiten steckten zusammengefaltet in meiner Tasche. Ich wagte nicht, sie herauszuholen.

All meine Fragen schienen mir auf einmal unnütz und sinnlos, ich hatte plötzlich das Gefühl, wegen etwas viel Grundlegenderem hier zu sein. Aber da ich überhaupt nicht wusste, was dieses Grundlegende sein könnte, saß ich einfach da und sagte nichts. Ich wusste nichts mehr, weder warum ich eigentlich hier war, noch was ich erwartete, noch wer dieser Mann war, dem ich gegenübersaß, noch warum er auf einmal einen solchen Eindruck auf mich machte.

Die Festung wird geöffnet

Er gab sich Mühe, mich aufzutauen – er war es, der jetzt die Fragen an mich stellte. Angesichts meines lakonischen »ja«, »nein« und »ich weiß nicht« schlug er mir schließlich vor, »etwas anderes zu unternehmen«. Er forderte mich auf, ihm in ein anderes Zimmer zu folgen. Misstrauisch und auf der Hut folgte ich ihm. Als er mich aufforderte, die Schuhe auszuziehen und mich aufs Bett zu legen, dachte ich: »Okay, solange es nur die Schuhe sind.« Ich schloss die Augen und sogleich löste sich die Zeit auf. Er leitete, ohne mich zu berühren, feine Lichtströme in mich und durch mich. Die Energie war so leicht, kaum spürbar und doch bewirkte sie Überwältigendes. Nach einer Weile sagte er, ich könne jetzt die Augen wieder aufmachen, und dann fragte er mich, was ich während dieser Zeit gespürt und erlebt habe. Ich fühlte mich sehr verlegen durch die Situation: Ich lag immer noch auf dem Bett, und er saß lächelnd und entspannt daneben. Dann erklärte ich: »Ich habe das Gefühl, als hätte ich mich einer Operation unterzogen. Es war, als hätte man mir die Brust aufgemacht und einen inneren Mechanismus aufgeräumt. Man hat kaputte Teile herausgenommen und durch neue ersetzt, andere wurden frisch geölt, der ganze innere Raum wurde gereinigt und dann hat man mir die Brust wieder zugenäht. Die Narbe hat man mit einem Balsam bestrichen, damit sie gut heilt.« Er lachte laut heraus und sagte: »Genauso ist es, nur ist diese Arbeit auf einer sehr tiefen Ebene geschehen, sie wird Reaktionen auslösen. In den nächsten Wochen musst du sehr wachsam sein und alles, was geschieht, aufmerksam betrachten.«

Er sagte noch, dass ich eine wahre Festung sei (was ein ausgezeichnetes Bild meines damaligen Zustands war) und dass er ein kleines Loch in diese Festung gemacht habe. Weiter sagte er: »Wenn ich ein größeres gemacht hätte, hättest du es nicht ertragen. Von nun an wirst du dieses Loch selbst vergrößern und diesen Durchgang zwischen dir und der Welt wieder öffnen, ich kann den Weg nicht für dich gehen.« Ich wusste genau, wovon er sprach, er stellte mich sofort in meine eigene Verantwortung. Ich wusste, die Arbeit, bei der es vorerst darum ging, meinen inneren Panzer aufzubrechen, würde schmerzhaft und beängstigend sein, aber dank seiner Hilfe und Unterstützung und meiner eigenen Entschlossenheit würde sie möglich sein. Ich wollte eine wirkliche Veränderung.

Auf seinen Wunsch hin rief ich ihn in der folgenden Zeit einmal pro Woche an. In den ersten beiden Wochen sagte ich ihm, es gehe alles gut. Er antwortete, ich solle wachsam bleiben und ihn wieder anrufen. In der dritten Woche aber begannen sich in meinem Leben plötzlich merkwürdige Sachen zu zeigen. Mir war, als würde ich meine bisherige Existenz im Zeitraffer nochmals erleben: Ich begegnete Leuten, die unglaublich meinem Mann glichen (von dem ich getrennt lebte) oder meinen besten Freunden, die sich das Leben genommen hatten, oder auch Personen aus unterschiedlichen Milieus, in denen ich früher verkehrt hatte. Kurzum, ich wurde immer wieder mit Menschen konfrontiert, die in meiner Vergangenheit für viel Verwirrung und Leid gesorgt hatten.

Er bestätigte mir, dass das alles richtig sei, ich solle ruhig bleiben und gelassen beobachten, was geschehe. Ich begriff den Prozess noch nicht, bei dem man alte Lebenssituationen wiederfindet, und dies, um deren Abläufe zu durchschauen und sich endgültig von ihnen zu befreien. Er hatte mir ein Tor geöffnet, damit genau das geschah!

Wie oft hatte er mir gesagt, ich solle ruhig bleiben. Am Anfang blieb ich in all diesen Konfrontationssituationen tatsächlich eine Weile ruhig und beobachtete als erstaunte, neugierige Beobachterin, aber dann wurde ich allmählich von einem unkontrollierbaren Gefühlswirbel erfasst und tauchte vollständig in meine inneren Stürme ein, in das, was ich später »meine schwarzen Löcher« nannte. Mit der Zeit bemerkte ich, dass er nie leichtfertig etwas sagte, dass bei ihm jeder Satz, jedes Wort seine ganze und tiefe Bedeutung hatte. Ich achtete von jetzt an besser auf seine Worte, auch wenn ich deren ganze Tragweite noch nicht völlig begriff. Ich glaube, ich habe mehrere Jahre gebraucht, bis seine Aufforderung »Bleibe ruhig!« wirklich in mein Innerstes gedrungen ist. Sehr schnell wurde mir klar, dass er wie in einem offenen Buch sowohl meine Vergangenheit wie auch meine Gegenwart zu lesen verstand. Viele Male erhielt ich den Beweis, dass er Dinge sah, die tief in meinem Innersten auf verschiedenen Ebenen meines Wesens eingeprägt waren.

Probleme, die Wurst sind

Ein paar Monate später stellte sich mir die heikle Frage der Manipulation. Wenn er so ins Innere schaute, wenn er in mir lesen konnte wie in einem offenen Buch und jeden Tag mit Menschen, die an seinen Zusammenkünften teilnahmen, arbeitete, dann konnte er uns also auch nach Belieben manipulieren, was für mich unannehmbar war. Ich war sehr verwirrt. Ich fand ein altes Gefühl aus meiner Kindheit wieder, von zwei allgegenwärtigen Augen andauernd in meinem ganzen Tun und Lassen beobachtet zu sein. Nach zwei Wochen unschlüssigen Zögerns beschloss ich, ihn aufzusuchen, um mit ihm darüber zu reden. Manchmal, wenn ich zu ihm ging, hörte er sich meine Fragen an und ließ mich meine Probleme auspacken, doch an diesem Tag sagte er sogleich zu mir: »Deine Probleme sind wie ein langer von Fett triefender Wurstkranz!« Dies sagte er, noch bevor ich den Mund öffnen konnte, um ihm mein Anliegen zu schildern.

Das war eine witzige Art, die Dinge an ihren Platz zu stellen und mich über den Begriff »Problem« nachdenken zu lassen. Danach erklärte er mir, dass er kein spiritueller Voyeur sei und dass er nur die Dinge anschaue, die die Seele beträfen. Auch wenn er der Seele auf ihrem Weg zu Klärung und Erlösung einen Impuls gebe, so müsse doch jeder Mensch selbst die nötigen Schritte vollziehen. Selbstverständlich könne er nicht an unserer Stelle den Weg für uns gehen. Da seine Arbeit in jeder Beziehung unpersönlich sei, sei auch sein Schauen immer und unter allen Umständen unpersönlicher Natur. Man solle nicht den Fehler machen, ihn mit einem Medium oder einem Hellseher zu verwechseln, da sein Sehen absolut nichts mit Medialität zu tun habe. Er besitze keine okkulten Kräfte, die Totalität drücke sich ohne einen Vermittler so aus. Es gäbe keinen Handelnden, der handelt! Seine klaren und ruhigen Worte beseitigten endgültig jeden meiner Zweifel, was Manipulation oder Voyeurismus betraf.

Wenn er von einer unpersönlichen Arbeit spricht, könnte das kalt oder gleichgültig scheinen, doch gerade diese Unpersönlichkeit ist die Gewähr für die Freiheit eines jeden und hindert nicht daran, dass die absolute Liebe der Ursprung dieser Arbeit ist. Im Gegenteil, sie zeigt, dass wahre, reine Liebe immer überpersönlich ist.

Ich finde schön, was er manchmal zu den Menschen an den Zusammenkünften sagt: »Ich ziehe niemanden an und weise niemanden zurück. Menschen kommen, und wenn das, was sie hier hören und erleben, dem entspricht, was sie suchen, dann bleiben sie. Wenn es ihnen nicht zusagt, dann gehen sie wieder, sie sind absolut frei. Ihr Kommen, Bleiben oder Gehen beeinflusst mich nicht im Geringsten, ich bin frei von ihnen und auch frei von dieser Arbeit! Es ist niemand da, der handelt oder nicht handelt, völlige Abwesenheit vom Positiven und vom Negativen!«

Die Festung löst sich auf

In den ersten Jahren sah ich ihn häufig. Ich war damals für viele Jahre für die Organisation seiner Zusammenkünfte in der französischsprachigen Schweiz zuständig und staunte immer wieder, wie klar, weitsichtig und umfassend er die Dinge betrachtet. Ich bin ihm unendlich dankbar für die Zeit, die er mir gewidmet hat, für die Geduld und Güte, die er mir entgegengebracht hat.

Rückblickend sehe ich diese Jahre als die Zeit einer langsamen, aber intensiven Genesung meiner Seele. Ich spürte, wie diese Worte, die er mit einer außerordentlichen, stillen Kraft immer und immer wiederholte: »Wir sind Freunde, wir gehen gemeinsam diesen Weg, du bist nie allein«, nach und nach in mich einsickerten. Allmählich wich das Gefühl der unerträglichen Einsamkeit und Fremdheit in dieser Welt ganz aus mir, es hat sich völlig aufgelöst.

Wenn er sprach, musste ich mich oft auf anstrengende Weise konzentrieren, um ihn zu verstehen. Doch auf einmal schienen seine Worte in mir zu fließen, ich wusste nicht mehr, ob ich mit den Ohren hörte. Jedenfalls war die Anstrengung gewichen und der Druck, alles verstehen zu müssen, war aufgelöst. Auch wenn ich seine Worte nicht mehr hörte, ich spürte sie in mir. In diesen Augenblicken war seine Stimme ganz besonders sanft, ich war sicher, dass er zu meiner Seele sprach. Meine Tränen begannen zu fließen, ich spürte, wie meine Widerstände schmolzen - all diese Versteifungen und Verhärtungen, mit denen ich mich gegen den Schmerz verbarrikadierte, diese Krusten, mit denen ich meine alten Wunden überdeckte. Ich hätte stundenlang dasitzen können, um dieser Stimme und diesen Worten zu lauschen - dieser Stimme, die zu meiner Seele sprach, die sie besänftigte und ihr Ruhe und tiefen Frieden schenkte.

Wir saßen in einem Café auf einer sonnigen Terrasse, als ich ihm eine Frage stellte, die mich schon sehr lange beschäftigte.

F: Ich finde keine Ruhe, ich bin ständig am Denken, sogar in der Meditation denkt es weiter. Ein indischer Lehrer, bei dem ich früher war, sagte, wir sollten uns bemühen, den Gedankenstrom zu kontrollieren, und im gedankenfreien Zustand verweilen, so könnten wir das Selbst verwirklichen. Nichts von alledem hat für mich funktioniert. Manchmal denke ich, dass ich für einen spirituellen Weg gar nicht geeignet bin oder ihn falsch verstanden habe.

MM: Denken ist eine Bewegung im Gehirn, eine Vorstellung im Verstand. Man denkt über Vergangenes und Zukünftiges nach, doch alles Denken ist relativ und begrenzt. Daher ist es für den Verstand absolut unmöglich, das zu erfassen, was nicht denkbar und verstandesmäßig nicht fassbar ist.

Relatives kann unmöglich Totales erfassen und realisieren. Im intuitiven, direkten Wahrnehmen sind keine Gedanken und kein Verstand vorhanden, denn die Totalität ist nicht etwas Erdachtes. Das Denken übt nicht zu denken. Gedankenkontrolle ist eine Methode, die das Denken selbst erfunden hat, und auch das kontrollierte Verweilen im gedankenfreien Zustand ist bloß eine vorübergehende Beruhigung des Egos.

Der Übende ist selbst relativ, wie kann dieser von ihm erzeugte Zustand Wirklichkeit sein. Die Ruhe, die in diesem geübten gedankenfreien Zustand empfunden wird, verschwindet wieder, sobald die Meditation beendet ist. Ruhe und Stille sind das, was wir sind. Diese Übungen und Techniken schaffen so viel Unruhe und machen so viel Lärm in der Stille. Alles ist in Ordnung, warum schaffst du unnötige Unordnung? Finde heraus, wer die Denkende, die Suchende und die Übende ist, und alle Gedanken werden verschwinden. In einem Draht fließt Elektrizität. Trifft diese bei ihrer Bewegung auf einen Widerstand, glüht sie als Lampe auf, so ist es auch mit dem Denken. Sag mir, denkst du, dass es dich gibt, oder weißt du es?

F: Ich weiß, dass ich existiere, das ist mir klar.

MM: Musst du das beweisen?

F: Nein.

MM: Du bist wie ein Fisch im Ozean, der ein Leben lang damit beschäftigt ist, herauszufinden, was Wasser ist. Da er keine zufriedenstellenden Antworten findet, erfindet er unzählige Philosophien, Übungen und Techniken, und trotz all der Anstrengungen findet er nicht heraus, was Wasser ist.

Sei du selbst und nicht das, was du glaubst, zu sein. Die Manifestation der Welt geschieht nur in deinem Bewusstsein. Im reinen ursprünglichen Seinszustand erhebt sich das Bewusstsein wie eine Welle an der Oberfläche des Wassers und innerhalb des Bewusstseins erscheint und vergeht die Welt. Die Wellen erheben sich und lösen sich wieder auf, doch der Ozean ist immer derselbe und bleibt von den Wellen unberührt.

Lass diese Vorstellungen von Gut und Böse und vom Kontrollieren von Gedanken los. Was willst du erreichen? Alles, was wirklich ist, bist du, und alles, was du dir ausdenkst und vorstellst, bist du nicht. Warum willst du üben, du selbst zu sein?

Lange saß ich still und erfüllt da, durchtränkt von Licht und Frieden.

In den ersten Jahren, bei Zusammenkünften oder auch sonst, wenn wir uns trafen, weinte ich fast die ganze Zeit und ohne zu wissen warum. Es war, als fließe ein uralter Schmerz aus mir heraus, und ich spürte, wie sich meine Seele öffnete und zu blühen begann. Ich fühlte mich wohl, so wie ich hier saß und ihm mit offenem Herzen zuhörte. All das Verhärtete schmolz dahin, und trotz meiner Tränen wollte ich nirgendwo anders sein. Ich fühlte mich zu Hause, da, wo es meine Seele schon seit so langer Zeit hingezogen hatte. Mein Leben war bis dahin eine Art endloser Depression gewesen, die ich mehr oder weniger gut vor meinen Angehörigen zu verbergen vermochte. Im Grunde fühlte ich mich verzweifelt, ich hasste die Welt und die mir vom physischen Körper, vom Denken und von den Sinneswerkzeugen auferlegten Grenzen. Als Kind wollte ich oft sterben: Ich fühlte mich fremd in dieser Welt, ich hatte das Gefühl, hier nicht dazuzugehören, ich wollte »nach Hause«. Dieses Heimweh war eine Art anhaltender Verzweiflung.

Inzwischen sind viele Jahre vergangen, ich weiß nicht genau wie viele. Wenn ich das Resultat dieser »Wanderjahre« mit Mario und meiner regelmäßigen Teilnahme an den Zusammenkünften in ein paar Worten beschreiben sollte, dann sehe ich es vor allem in einer grundlegend anderen Ausrichtung meines inneren Wesens: Ich bin von einem Zustand düsterer, selbstmörderischer Verzweiflung und permanenter Empörung in einen Zustand der Schönheit und ein Gefühl der Liebe zum Leben übergegangen; zu einem Gefühl, mit etwas zu sein und nicht mehr dafür oder dagegen. Nicht, dass ich alles, was in dieser Welt geschieht, schön und lobenswert finde, aber bevor ich mich empöre, stelle ich mir die Frage meiner eigenen Verantwortung. Wie sind meine eigenen Taten, meine Gedanken, meine Worte, meine Gefühle? Anstatt mich zu beklagen oder zu kritisieren, versuche ich zuerst mein inneres Wesen, meine eigenen Beweggründe zu reinigen und zu klären. Ich bin aus dem Leiden und der totalen Isolation zur Lebensfreude und zur Fähigkeit, das Schöne zu sehen, übergegangen. Die dunkle Blase, in der ich mich bewegt hatte, ist geplatzt, ich sehe die Welt mit ihren Farben und ihrem Glanz. Früher sah ich alles schwarzweiß oder vielmehr schwarzgrau. Ich habe aufgehört, im »anderen« einen Feind oder eine potenzielle Gefahr zu sehen, ich habe wieder kommunizieren gelernt. Und vor allem habe ich, so wie sich meine Festung allmählich auflöste, in mir selbst den Zugang zur Quelle von Zärtlichkeit und Milde wiedergefunden und kann diese verlorenen Eigenschaften auch von anderen wieder voll annehmen und auch schenken.

Eines Nachmittags saßen wir am Ufer des Sees, den er so liebt, und verweilten lange in Schweigen. Die Zeit verging, aber es war, als berühre sie uns nicht. Das Licht war wunderschön, Enten tummelten sich auf dem Wasser, rings um uns spielten Kinder. Die Welt schwirrte in tausend Lebensformen und Farben in der tiefen Stille und Bewegungslosigkeit, in der wir uns befanden. Ich fühlte mich von einem Leben jenseits dieser Formen und Bewegungen erfüllt, und ich wusste: Das ist sein Zuhause, das ist wo Mario lebt. Dann sagte er sehr langsam und eindringlich: »Es gibt nur Frieden, Yolande, nur Frieden.«

Er stand auf und schien aus einer Tiefe aufzutauchen, zu der ich keinen Zugang hatte, einer Welt oder einem Licht, das er allein wahrnahm. Er schien trunken und ging mit Mühe. Zu meiner großen Überraschung merkte ich, dass mir selbst anscheinend der Gleichgewichtssinn abhandengekommen war. Ich war mir nicht sicher, ob der Boden, auf den ich meine Füße setzte, wirklich existierte. Langsam, schweigend ging ich neben ihm her – mit einem leicht schwebenden Gefühl. Tief in mir hallten seine Worte nach: »Es gibt nur Frieden, nur Frieden.« Tränen liefen ihm übers Gesicht, Perlen der Liebe, Perlen des Lichts?

28. Gewidmet meinem göttlichen Meister

Maximilian Hirsch – Deutschland

Dir lege ich mein Herz zu Füßen, geliebter Meister. Du bist der feine, frische Tau des Morgens und seine Entstehung zugleich. Nicht weniger bist Du die wärmende Sonne, welche ihn wieder auflöst. Durch Dich offenbart sich unsere wahre Natur.

In Dir vereint zeigt sich die Liebe aller Mütter und die Kraft aller Väter dieses Universums sowie aller anderen Welten. Der Same, welchen Du pflanztest, ist der reine Same dessen, was viele Gott nennen. Es ist der Same der uneingeschränkten Liebe.

Solcherart zeigt sich, was daraus erwächst all denen, die das Glück erfahren, Dich umgeben zu dürfen. Die Kraft Deines Wortes, der Blick Deiner Augen, Dein von Licht erfüllter Gedanke lassen keine Seele unberührt.

Den Klang Deiner Stimme, die Totalität des heiligen Geistes offenbarend, trinke ich innig und voller Dankbarkeit. Durch Dich zeigt sich mir Verwirklichung nicht als etwas weit Entferntes, sondern sehr, sehr Nahes. Ich erkenne längst, dass ich Dich mehr liebe als mein eigenes Leben.

Ich erkenne, dass mein Leben wie das der meisten Wesen von Selbstsucht getragen war und noch immer ist. In Deinem Wesen widerspiegelt sich die Selbstlosigkeit und Klarheit allen Seins. Erkennend, dass ich Dich mehr liebe als das, was ich mein eigenes Leben nenne, zeigt sich die Blüte Deines Wirkens.

Durch Dich erkenne ich meine wirkliche göttliche Natur. Wir alle werden im gegebenen Moment dieselbe Feinheit und unermessliche Kraft verwirklichen wie Du. Wie könnte es auch anders sein, wo uns doch nie etwas wirklich trennte, es sei denn unser verwirrter, verdunkelter Geist.

Diese göttliche Kraft, die Du wahrhaftig verkörperst, ist mir näher nun als das, was ich mein Leben nenne. Du bist alles. Das scheue Reh am Waldrand wie auch der klare Bach, aus dem es trinkt. Du bist der Feuer speiende Vulkan, der alles beerdigt, und auch die Blume, die aus seiner Asche erblüht.

Fleischgeworden erkenne ich Dich vor mir und bette mein Haupt in Deinen Schoß. Was Dich auch liebt, Du liebst es hunderttausendfach. Die Nebel, die uns als von Dir getrennt erscheinen lassen, verdunsten mehr und mehr. Du bist eins mit dem Vater, Du bist eins mit mir, Du bist eins mit allem. In alle Ewigkeit ist Dir mein unaussprechlicher Dank gewiss.

29. Aus dem Tagebuch des Sternenwanderers

Mario Mantese – Universum

Die Person M ist nicht wichtig, sie ist lediglich ein Reflex, eine Widerspiegelung, ein Lächeln des ewigen Universums, doch das Nichtmanifestierte und das Manifestierte sind nicht voneinander getrennt, sie sind eins. Der Erwachte ist, einheitlich gesehen, gleichzeitig existent und nicht-existent, in der Welt und nicht von dieser Welt. Er ist alles in allem – Fülle, Allgegenwart, allumfassende Liebe und Grenzenlosigkeit. Er ist leer in der Welt und voll in Gott. In der Einheit von Nicht-Manifestation und Manifestation soll dieser folgende Text verstanden und gesehen werden. Das ewige Universum ist grenzenlos, ohne Beginn und ohne Ende, das wahre Wesen des Menschen ist ohne Beginn und ohne Ende, zeitlos, raumlos, todlos. Der Erwachte ist frei, er ist und lebt im Ozean des Lichts. Er hat die Möglichkeit, als ein physischer Körper auf der relativen Ebene zu erscheinen und anschließend diese Projektion wieder aufzulösen. Solche Begebenheiten geschehen nicht grundlos.

In diesem Bewusstsein bewegt es mich, euch einen kleinen Ausschnitt aus meinem sicht- und unsichtbaren Leben zu erzählen, von meinem körperlosen Dasein im Körper. Einzig meine Lebenspartnerin hat bisher von diesem Ereignis gewusst.

Vor mehreren Jahren, es war im Monat Dezember, saß ich nachmittags auf dem Sofa im Wohnzimmer. Ich genoss das milde Sonnenlicht, das diesen hellen Raum erfüllte. Ich war soeben aufgestanden und wollte das Zimmer verlassen, als sich unerwartet eine gigantische Kraft ausbreitete. Auf einen Schlag veränderte sich meine gesamte Wahrnehmung. Es war, als würde sich unmittelbar das gesamte Lichtreich Gottes öffnen. Unermesslicher Glanz und Lichtkraft durchfluteten mich – mein Körper war reines, weißes Licht geworden.

Und dann sah ich ihn, unsagbar strahlend und leuchtend; es war mein Meister. Er war nicht allein, eine Gruppe Schüler, vielleicht waren sie auch Meister, standen in großer Entfernung da und schauten mich liebevoll an. Tiefe Ruhe und eine große Kraft ging von ihnen aus. Intuitiv wusste ich, sie waren direkt aus den unermesslichen Tiefen des Universums hierhergekommen. Mit großer Geschwindigkeit kam mein Meister auf mich zu und stand plötzlich vor mir, bei mir im Wohnraum.

»Komm«, sagte er liebevoll. Momente später hatte ich mit ihm das Wohnzimmer verlassen. Ich hatte nicht etwa meinen Körper verlassen, nein, im gigantischen Lichtfeld des Meisters, dieser enorm hohen Vibration, war mein physischer Körper mit ihm gereist. Es war nicht das erste Mal, dass dies geschah.

»Möchtest du jetzt mitkommen, deine Schatten sind getilgt?«, fragte er mich mit seiner sanften Stimme. Unmittelbar antwortete ich: »Meister, das wäre schön, aber was würden meine Geliebten sagen und erleben, wenn ich so plötzlich, ohne ihnen etwas zu sagen, auf diese Weise entschwinden würde? Dazu kommt, dass mein Auftrag noch nicht ganz erfüllt ist. Wenn ich jetzt den Naturgesetzen nach sterben und so meinen Körper verlassen würde, wäre das für alle nachvollziehbar. Aber jetzt, so mit dem physischen Leib, mitzukommen, das ist für mich, wenigstens zu diesem Zeitpunkt, noch nicht möglich.« Er hatte meine Gedanken bereits gelesen und fand meine Entscheidung richtig.

Sein Kommen hatte natürlich noch einen anderen tiefen Grund. Er gab mir wichtige spezifische Erklärungen über die kosmische Zukunft dieses Planeten und der Menschheit, und dies in Bezug auf unsere erlösende Arbeit. Dann fügte er noch hinzu: »Das ganze Universum existiert in dir und du bist im ganzen Universum. Obwohl deine Tätigkeiten als Tätigkeiten erscheinen, gibt es für dich nichts mehr zu tun. Obwohl du denkst, gibt es für dich nichts mehr zu denken. Deine Liebe ist das milde Licht, der Nektar, der die Menschenwelt verwandelt. Menschen kommen von überallher zu dir, um diesen heiligen Nektar zu trinken, und wenn sie von diesem gnadenvollen Licht berührt werden, erwachen sie aus ihrem abgrundtiefen Todesschlaf. Dieses Erwachen, dieses sonnenhafte Erstrahlen, bewirkt die Lichtgeburt, die große Transformation, die das Tor ins ewige Lichtreich Gottes öffnet. Deine Tätigkeit in dieser Welt wird sich ändern, du wirst deinen Auftrag ganz erfüllen. Beschütze weiterhin deinen himmlischen Namen!«

Ich bedankte mich für seinen Besuch und er verabschiedete sich von mir. Momente später stand ich wieder allein im Wohnzimmer. Ich weiß nicht, wie lange ich weg war, ich weiß nur, dass ich stundenlang dasaß, ohne mich zu bewegen oder auch nur ein einziges Wort zu sprechen, so erfüllt, ja gefüllt war ich von der immensen Lichtkraft, in der mich der Meister mitgenommen hatte.

Diese Begebenheiten sind genauso geschehen, wie sie hier beschrieben sind. Wir können nur erahnen, welch gewaltige Ordnung und Intelligenz im göttlichen Universum herrscht.

Friede sei mit euch allen!

Foto: Irene Bieri

Bei Interesse an den ***Zusammenkünften***
von Meister M in der Schweiz
wenden Sie sich bitte an eine
der folgenden Kontaktmöglichkeiten:

In Deutschland:

Herbert und Eva Werner
Am Keltenwall 8
D-93309 Weltenburg
E-Mail: organisation.mantese@gmx.de

In der deutschsprachigen Schweiz:

Renate Schmidlin
Grafschaftstr. 2 ~ CH-8154 Oberglatt
E-Mail: organisation.mantese@gmx.ch

In der französischsprachigen Schweiz:

Organisation Mantese
Yolande Favre, Franco della Corte
Case Postale 51 ~ CH-2533 Evilard
E-Mail: organisation.mantese@bluewin.ch

Für weitere Informationen besuchen Sie bitte
die Homepage von Meister M unter:
www.mariomantese.com

Wir bitten um Verständnis, dass unsere Organisatoren
nicht für telefonische Auskünfte zur Verfügung stehen;
Kontaktaufnahme bitte ausschließlich
per ***E-Mail*** oder per ***Post!***

Meister M kann man ausschließlich während der angekündigten Zusammenkünfte und Darshans begegnen.
Meister M empfängt niemanden privat.
Er ist auch telefonisch nicht erreichbar.

Bücher von

Mario Mantese

Meister M

ANKÜNDIGUNG - NEUERSCHEINUNG

Erscheint als
»Geschenkbändchen«
im Sommer 2009

Mario Mantese

LEBENSTIEFEN DEINER SEELE

Gewidmet allen
atmenden Lebewesen

ISBN 978-3-7699-0621-9
ca. 80 Seiten, kartoniert

Die Natur ist wie ein gigantischer heiliger Tempel von unermesslicher, erhabener Schönheit. Tiefe Andacht und Stille wohnt in ihr. Sie ist ein himmlischer Garten, in dem himmlische Lebewesen wohnen. Sie ist wie ein Gegenbild des verborgenen Antlitzes Gottes.
Entdecke dein erhabenes Hier-Sein im sanften Blütenzauber deiner Seele, denn die Essenz, das leuchtend glanzvolle, heilige Universum, existiert nicht getrennt von dir.
Dieses kleine Werk von Meister M zeugt von seiner unfassbaren universellen Liebe, die aus der natürlichen Quelle emporfließt.

DREI EICHEN VERLAG

Erkenntnisreisen seit 1931
www.drei-eichen.de

Bitte verlangen Sie unser kostenloses Gesamtverzeichnis.

Erzählung mit Tiefgang

Mario Mantese
AUFBRUCH IN DIE EWIGKEIT
Das Leben der unsichtbaren Meister
ISBN 978-3-7699-0522-9
256 Seiten, gebunden

Wie durch ein Zeitfenster schauend erfährt der Leser von der »Loge des Goldenen Drachen« in Shanghai sowie von den Mysterienschulen im alten Ägypten und den universellen Meistern in Indien.

Eine schattenhafte Vergangenheit lüftet ihre Geheimnisse; Schleier heben sich und Ozeane unendlicher Leuchtkraft und Weisheit offenbaren sich.

Der Leser *ent*-deckt in sich selbst verborgene Winkel und gelangt so zu einer umfassenden Schau des eigenen Daseins.

Spannend und packend ist diese autobiographische Erzählung, die den Leser auf eine Reise durch innere Welten und Dimensionen mitnimmt.

DREI EICHEN VERLAG

Erkenntnisreisen seit 1931
www.drei-eichen.de

Bitte verlangen Sie unser kostenloses Gesamtverzeichnis.